Leo und der Himmel auf Erden

Franziska Muri

Für meine Großmütter Anni und Elfriede.
Ich hatte den Eindruck,
dass sie mir »von der anderen Seite aus«
manchmal amüsiert beim Schreiben
zuschauten und sich an der einen oder
anderen Stelle kreativ einmischten.
Danke, auch dafür.

INHALT

DER INTUITION VERTRAUEN

Anni war an diesem Morgen viel zu früh aufgewacht und hatte beschlossen, einen Spaziergang zu machen – über ein paar Felder und durch ein Wäldchen vor den Toren der Stadt. In ihrem Kopf tobten so viele Gedanken, vielleicht würde die Bewegung sie etwas beruhigen.

Die Luft draußen war frisch und kühl und Anni erfreute sich am Gehen. Dass es bewölkt war, daran hatte sie sich beinahe schon gewöhnt, schließlich war es seit Wochen so. Meckern und Jammern zwecklos. Doch als sie aus dem Wäldchen kam und schon den Rückweg antreten wollte, sah sie auf einem kleinen Hügel einen Lichtschimmer. Dort oben war tatsächlich ein Fleckchen Erde in morgendliches Sonnenlicht getaucht. Pfeilgerade Lichtstrahlen fielen aus einem winzigen Loch in der Wolkendecke auf den Hügel.

»Dort will ich hin!«, sagte sie zu sich selbst und stiefelte los. Es war nicht weit bis hinauf und sie wollte so gern ein bisschen Sonne tanken. Bald hatte sie den Hügel erreicht. Sie blieb stehen, schloss die Augen und drehte den Kopf zur Sonne hin. Wundervoll war das! Warm und hell beschienen die Strahlen ihr Gesicht und ihren ganzen Körper. Anni atmete auf. Ihr war, als würden mit diesem Licht ganz wesentliche Lebensgeister zu ihr zurückkehren.

Als sie nach einer Weile die Augen wieder öffnete und den Kopf etwas drehte, um nicht geblendet zu werden, erstarrte sie. Sie war gar nicht allein hier! Nur wenige Meter von ihr entfernt stand: ein Esel. Ein grauer Esel mit weichem Fell, das in der Morgensonne schimmerte. Und wie von einem romantischen Maler hindrapiert, stand seitlich hinter dem Tier ein kleiner Baum mit geradem Stamm und einer in frischem Grün leuchtenden Kugel aus Blättern. Anni konnte von ihrem Platz aus sehen, dass es eine Linde war. Linden kannte und mochte sie.

Der Esel schaute zu ihr rüber.

»Guten Morgen«, grüßte Anni ganz selbstverständlich und blickte sich im nächsten Moment peinlich berührt um. Sie war so überrascht von der Szenerie, dass sie schon Esel grüßte. Nun gut, sonst war niemand hier, der sie hätte hören können.

»Einen wunderschönen guten Morgen«, vernahm sie nun aber. Anni hielt verwundert inne. Wer anders konnte das gewesen sein … als dieser Esel?

»Hast du gerade Guten Morgen gesagt?«, fragte sie in Richtung des Tieres.

Langsam kam der Graue ein paar Schritte auf sie zu. »Ich habe ›Einen wunderschönen guten Morgen‹ gesagt. Man darf Wunder nämlich einladen. Damit macht man es ihnen leichter, sich zu zeigen.«

Verblüfft schaute Anni den Esel an, der nun ziemlich nah vor ihr stand.

»Okay«, erwiderte sie schließlich, »gute Idee: einen wunderschönen guten Morgen also.«

Sie betrachtete das Auge, das er ihr zuwandte, die dichten Wimpern und das schöne warme Braun der Iris. Dieses Auge nahm sie richtiggehend ein, eine ganze Welt tat sich darin auf. Anni merkte, wie sie immer tiefer in der geheimnisvollen Weite dieses Raumes versank. Ein Raum wie das All, gänzlich dunkel und doch von Licht durchsät. Er erschien ihr wie ein sehr freundliches Universum.

Plötzlich tauchten Bilder auf, die Anni nur zu vertraut waren – Stapel von Papier in ihrem Büro, rote Zahlen, die über ihren Bildschirm flackerten, schnell hinuntergeschlungenes Irgendwas von irgendeinem Imbiss, hastige Blicke auf die Uhr und immer schneller werdende Schritte, die sie zum nächsten Termin brachten, Druck im Bauch, ihr laut pochendes Herz. Mehrmals blitzten Bilder ihrer Wohnung auf, die ihr verwaist vorkam, während sie immer nur hinein- und wieder hinauslief. Stimmen, Wortfetzen. Streiflichter auf Männergesichter … und auf diesen einen Mann, der sich langsam entfernte und sich im Nebel aufzulösen schien, während ihr Herz ihn nicht lassen wollte … Anni schloss die Augen, als wollte sie das alles nicht mehr sehen.

»Dein Leben«, flüsterte der Esel sanft.

Sie schaute ihn wieder an.

»Dein aktuelles Leben.« Er flüsterte erneut und schüttelte langsam den Kopf. Seine großen plüschigen Ohren wackelten dabei etwas zeitverzögert mit.

»Mein aktuelles Leben«, wiederholte Anni leise, fühlte Traurigkeit und schloss die Augen. Tränen drückten sich unter ihren Lidern hervor und liefen ihre Wangen hinab.

Der Esel ließ ihr Zeit. Er blieb weiter still vor ihr stehen, so nah, dass sie die beruhigende Wärme seines Körpers spüren konnte. Er war einfach da und ließ Anni weinen.

»Alles falsch gemacht?«, fragte sie schließlich leise, ohne die Augen zu öffnen.

»Dann wärst du jetzt nicht hier«, antwortete der Esel freundlich.

Ja, jetzt war sie hier und eine unerklärliche Magie lag in der Luft.

Sie schwiegen erneut und Anni empfand mit der Zeit einen eigentümlichen Frieden.

»Man darf Wunder einladen. Damit macht man es ihnen leichter, sich zu zeigen.«

Irgendwann begann sie sich wieder zu bewegen und straffte die Schultern. Sie spürte ganz neu die Sonne auf ihrer Haut und genoss die Szenerie um sie her.

»Warum kann ich dich reden hören?«, fragte sie den Esel. »Und warum verstehst du mich?«

Ohne zu zögern entgegnete er: »Vielleicht wünschst du dir einfach, dass jemand mit dir spricht.«

Erneut schossen Anni Tränen in die Augen. Es stimmte so sehr! Sie wünschte sich, dass jemand mit ihr sprach. Dass sie jemanden zum Reden hatte. Über wirklich Bedeutsames. Dass jemand mal so da war wie dieser Esel eben. Der sie einfach sah und hörte. Wie ein Zeuge, ein stiller, offener, freundlicher Zeuge ihrer Existenz. Und dass er ab und zu noch etwas Kluges zu sagen oder zu fragen wusste, war für sie so hilfreich.

»Aber du ...« Anni schreckte innerlich auf, als sie sich die Situation neu vergegenwärtigte. Der Esel lief derweil ein paar Schritte auf und ab, schüttelte sich und schnaubte. Dann wandte er sich ihr wieder zu: »Aber?«

»Ich meine …«, Anni druckste herum und der Esel streckte ihr mit immer länger werdendem Hals seinen Kopf entgegen, als wollte er besser hören, was sie sagte. Anni musste in sich hineinlachen, denn seine komische Geste bestätigte, was sie dachte. »Also, na ja, du bist …, na, du bist ein Esel!«

»Ja, bin ich. Und?« Stolz richtete er sich wieder auf.

»Bitte versteh mich nicht falsch, ich selbst weiß gar nichts über Esel und ich bin dir dankbar für unseren kleinen morgendlichen Austausch. Aber Esel gelten bei uns Menschen … als, nun ja, als etwas dumm und stur.«

»Und auf dieses Framing fällst du rein?« Der Esel grinste.

»Dumm«, erklärte er dann, »nennt man andere oft, wenn man sie nicht versteht, wenn man nicht mal ihre Sprache kennt. Und stur, das ist doch gar nicht schlecht, oder? Man lässt nicht alles mit sich machen. Oder ist einfach vorsichtig. Mir gefällt das. Und wenn man mich für dumm hält, dann bleibe ich ganz entspannt. Schließlich weiß ich, was ich weiß. Nämlich: nichts.«

An dieser Stelle fing der Esel lauthals an zu lachen. Er warf den Kopf zurück, entblößte zwei Reihen riesiger Zähne und schrie sein »Iiiiieeh-Aah, Iiiiieeh-Aah, Iiiiieeh-Aah, Iiiiieeh-Aah« so laut in die Welt hinaus, dass Anni immer wieder zusammenzuckte. »Ich weiß, dass ich nichts weiß«, brachte er noch einmal zwischen zwei Lachsalven hervor und konnte sich gar nicht mehr beruhigen.

Mit einer Mischung aus Entsetzen wegen dieses heiser krächzenden »Iiiiieeh-Aah« und Erheiterung wegen seines wirklich guten Gags stand Anni da und schaute ihrem eigenartigen Gesprächspartner einfach nur dabei zu, wie er sich köstlich amüsierte.

Als er wieder normal atmen konnte, sagte er ernst: »Unterschätze mal uns Esel nicht. Uns gibt es schon sehr lange. Seeehr lange. Wir haben

9

mit Buddhisten gelebt, mit Sufis, mit Hindus, mit Christen, sogar Ur-Christen, und mit Moslems, mit Bauern, Philosophen, Heiligen, Kräuterfrauen, Kaufleuten, Schmugglern, Weisen und allen nur erdenklichen Leuten. Wir wissen mittlerweile ganz gut Bescheid. Auch über eure Welt.«

Anni dachte nach. Dann sagte sie vorsichtig:»Ich wollte dich nicht beleidigen.« Sie war beeindruckt von der Erkenntnis, wie viel Geschichte, Wissen und Weisheit Mensch und Esel offenbar teilten. Innerlich war sie diesem erstaunlichen Gesellen damit ein Stückchen nähergekommen. Als würde sie etwas wiedergutmachen wollen, fragte sie:»Wie heißt du denn? Ihr habt doch auch Namen, oder?«

»Haben wir«, bestätigte der Esel.»Ich bin Leo.«

»Wie?« Anni blickte ihn – schon wieder – verdutzt an und als er keine Miene verzog, hakte sie nach:»Du heißt Leo? Als Esel?«

»Klar. Oder glaubst du etwa, der Name ist nur Löwen vorbehalten?«

Anni schaute ihn ein paar Momente lang sprachlos an. Dann sagte sie: »Also gut: Leo. Freut mich. Ich bin Anni.« Sie machte einen Schritt auf ihn zu und es wirkte, als wolle sie ihm gleich die Hand reichen.

»Ebenfalls erfreut«, sagte Leo höflich und da er Annis unbeholfene Geste bemerkte, ergänzte er:»Du darfst mich zwischen den Ohren kraulen.«

»Gern«, erwiderte Anni mit einer gewissen Erleichterung. Sie lächelte: »Weil du ja kein Löwe bist.«

Der Esel schloss die Augen und genoss die Streicheleinheit. Nach einer Weile fragte er beiläufig:»Und einen Löwen würdest du nicht gern kraulen?«

Anni überlegte, während ihre Hand über das weiche Fell auf Leos Stirn strich.»Das wäre bestimmt kuschlig. Und imposant. Aber es wäre mir viel zu gefährlich.«

»Wer mit Eseln über sein Leben redet, der kann auch Löwen streicheln«, konstatierte Leo trocken.

»Wer mit Eseln über sein Leben redet, der kann auch Löwen streicheln.«

»Das verstehe ich nicht.« Anni dachte nach. »Nein, wirklich nicht.« »Hm«, machte Leo. »Es ist eigentlich nicht schwierig. Was tun wir hier?«

Er ließ ihr einen Moment Zeit, um die Frage für sich zu klären.

»Wir reden miteinander«, sagte Anni.

Da Leo schwieg, wurde sie genauer: »Okay, ich rede mit einem Esel, auch über mein Leben. Aber deswegen würde ich doch keinen Löwen streicheln.«

»Könntest du aber, und zwar auf der gleichen Ebene.« Leo blickte Anni so erwartungsvoll an, als hätte er gerade die Lösung eines der größten Lebensrätsel präsentiert. Doch Annis Gesichtsausdruck zeigte deutlich: Sie hatte nichts kapiert.

Leo stupste ihr freundlich mit seiner Nase gegen den Arm, um ihr zu signalisieren, dass sie mit dem Kraulen aufhören konnte. Jetzt musste er schließlich etwas erklären.

»Also«, setzte er neu an. »Wir reden hier miteinander und wir reden nicht miteinander. Es gibt eine Ebene, da führen wir ein Gespräch. Gerade rede ich und du hörst mir zu. Richtig?«

Anni nickte. Es gefiel ihr, wenn Leo so dozierte. Er alberte zwar gern herum, aber er nahm die wirklich wichtigen Dinge offenbar sehr ernst. Ja, er nahm *sie* ernst.

Anni nickte noch einmal.

»Gut«, sprach Leo weiter, »wir reden also miteinander – und auch wieder nicht. Wenn uns hier jemand beobachten würde, vor allem jemand von deiner Spezies, dann würde der wahrscheinlich nichts davon mitbekommen. Er würde uns einfach nur hier stehen sehen. Mehr nicht. Ein Esel, eine Frau, irgendwie zufällig oder warum auch immer stehen die da, könnte er denken.«

Tatsächlich fiel Anni in dem Moment auf, dass der Esel das Maul gar nicht bewegte, während er sprach – oder besser: während sie ihn hörte. Na ja, und wirklich mit den Ohren zu hören war er auch nicht. Eigentlich hörte sie ihn nur in ihrem Kopf.

War etwa alles nur Einbildung? War sie so gestresst, dass sie allmählich verrückt wurde? Oder zumindest wunderlich?

Anni spürte einen leichten Schrecken in ihrem Bauch. Denn sie selbst, das merkte sie erst jetzt, hatte auch nicht laut geredet. Der ganze Austausch der letzten Minuten hatte genau genommen nur in ihrem Kopf stattgefunden. Und doch war es eine Unterhaltung gewesen. Daran bestand gar kein Zweifel.

Oder etwa doch?

Anni wollte plötzlich nach Hause. Es gab so viel zu tun und sie stand hier herum und … Was tat sie hier eigentlich?

Als sie umherschaute, stand da ein Esel, ein Baum, es war nett gewesen, mal einen Moment Sonne getankt zu haben – aber jetzt musste sie wirklich gehen. Ihr fielen die heutigen Termine ein und in ihrem Bauch wurde es dumpf und fest. Sie setzte schnell ein paar Schritte in Richtung Heimat. Dann aber fand sie es doch unhöflich, einfach so grußlos zu gehen. Sie hatte ja immerhin einige Zeit mit diesem Esel verbracht. Also wandte sie sich ihm noch einmal zu, um sich mit einem Kopfnicken kurz zu verabschieden.

»Was schaust du so mürrisch?«, fragte Leo, als sich ihre Blicke trafen.

Anni bemerkte wieder diese Wärme und Weite in seinen Augen und irgendwie war da so ein lichter Schimmer auf seinem Fell, der ihn richtiggehend leuchten ließ. Während ihr Blick bei ihm verweilte, beruhigte sich etwas in ihr. Ihre Unterhaltung war real. Irgendwie. Das spürte sie.

»Siehst du«, sagte Leo sanft, »wir unterhalten uns – und wir unterhalten uns nicht.«

»Ja«, sagte Anni nur. Sie schloss die Augen und wandte ihr Gesicht erneut der Sonne zu. Es tat gut, einfach nur das Licht und die Wärme zu spüren. Und dabei zu atmen.

»Und der Löwe?«, fragte sie nach einer Weile.

»Auf der Ebene, auf der wir uns unterhalten, kannst du ihn kraulen. Ich würde es nicht unbedingt im Masai Mara in Kenia tun – weder als Mensch noch als Esel.« Leo schmunzelte. »Aber auf dieser inneren Ebene, auf der wir hier reden, ist es möglich. Da kannst du auch mit einem Adler fliegen oder auf einem Krokodil durch den Nil schwimmen.«

Anni musste lächeln, als sie sich das vorstellte. »Dann meinst du Fantasie.«

Leo überlegte einen Moment. »Fantasie hängt sicher damit zusammen«, meinte er schließlich. »Aber es ist viel mehr als das. Es geht um Intuition, um Inspiration. Um eine Ebene von Wahrnehmungen, Gedanken, Gefühlen, Eingebungen und Wissen, die du mit deinem Kopf nicht unbedingt verstehen wirst, denen du aber vertrauen kannst. Intuition sagt dir oft etwas absolut Stimmiges, was du dir nicht hättest ausdenken können. Bei der Fantasie ist dein Verstand aktiver, auch wenn es sich natürlich mischt. Bei der Intuition kommen die Informationen oft ganz unwillkürlich zu dir, als Geistesblitze. Als prachtvolle Ideen, die dein ganzes Leben verändern können. Oder es sind Bauchgefühle, die dich von einem Fehler abhalten, ein plötzliches Wissen oder Ahnen. All diese Dinge, die in deinen Bauch, in dein Herz und in deinen Kopf kommen, ohne dass du es hättest ›machen‹ können. Aber es gehört eben noch mehr dazu – und ganz besonders der Austausch über Spezies und Lebenswelten hinweg. Zum Beispiel, ganz wichtig«, Leo grinste breit, »Unterhaltungen mit einem klugen Esel. Auch sie werden durch das möglich, was wir Intuition und Inspiration nennen.«

»Es sind Geschenke«, warf Anni, die genau zugehört hatte, leise ein.

Leo hatte sich so in Schwung geredet, dass er kurz stockte und Anni verblüfft ansah. »Genau. Es sind Geschenke. Auch Gespräche wie das unsere.«

Es entstand eine Pause. Beide hingen ihren Gedanken nach. Dann begann Leo erneut zu sprechen: »Manchmal entfalten sich solche Gespräche – und oftmals nicht. Weil keiner damit anfängt oder eine Seite die andere nicht hört. Gerade ihr Menschen habt dafür zwar feine Antennen, aber sie sind wie abgeknickt. Einfach zu wenig benutzt und etwas angerostet oder wirklich ramponiert.«

Anni war wieder ganz in das Gespräch mit Leo eingetaucht und ihr Alltag lag in weiter Ferne. Wie eine andere Welt, irgendwo da unten am Fuße des Hügels, hinter dem Wäldchen und ein paar Feldern. Irgendwo in ihrem Kopf.

»Weißt du«, begann sie. »In unserem täglichen Leben spielt all das, wovon du sprichst, gar keine Rolle. Da geht es um alles Mögliche, um Dinge und Aufgaben, um Fakten und Zahlen, um Termine, Pläne und Konzepte und ein bisschen Unterhaltung. Aber diese …«, sie suchte nach den passenden Worten, »… diese feinere Ebene, dieses irgendwie Stillere, Fühlige oder sogar Zauberhafte, das kommt nicht vor. Das hat keinen Platz.«

»Ja, ihr seid seltsam geworden«, stellte Leo fest.

Anni schaute ihn überrascht an. Sie erwartete, dass er gleich wieder lachen oder wenigstens schmunzeln oder grinsen würde. Aber nichts davon. Er schaute ernst über die Wiese hinweg in Richtung Horizont. »Wenn ihr glücklich dabei wärt …«, sprach er nach einem Moment der Stille weiter. »Aber so kommt ihr mir nicht vor. Oder nur selten.« Anni schluckte. Dieser Esel war sehr direkt. Das war nicht so leicht zu nehmen. Aber er hatte wohl recht. Etwas fehlte – ihr selbst und so ziemlich jedem, den sie kannte.

Als hätte er ihre Gedanken gelesen, fuhr Leo fort: »Was euch fehlt, ist wirklich das Feinere, das Spürige. Das hast du schön gesagt. Wenn ihr es kennen und leben und darauf vertrauen könntet, würdet ihr es euch viel leichter machen. Und nicht nur euch, uns allen.«

»Ich würde schon gern darauf vertrauen und es mehr leben«, warf Anni ein. »Aber ich weiß nicht, wie ich das machen soll.«

»Du brauchst Erfahrungen damit. Positive Erfahrungen. Du hast ja auch Vertrauen in die Erdanziehungskraft, denn du erfährst sie täglich. Oder in deine Fähigkeit, Fahrrad zu fahren, denn du hast es oft genug getan. Bei der Intuition fehlt euch Menschen die Übung. Und ohne Übung gibt es kaum Erfahrung und noch weniger Vertrauen. Daher solltest du üben, auf deine Intuition zu achten, wenn du lernen willst, ihr zu vertrauen.«

»Und wie übe ich das am besten?« Anni wollte es wirklich wissen.

»Das ist ganz leicht.« Leo machte ein Gesicht, zu dem der Ausruf »Tadaa!« gepasst hätte. »Du redest ab jetzt einfach mit jedem Esel, der dir über den Weg läuft.«

Anni schmunzelte. Leo warf den Kopf zurück und sie wusste, was jetzt kommen würde: sein ohrenbetäubendes »Iiiiieeh-Aah«. Es erfüllte die

Luft aber nur zweimal. Leo wurde schnell wieder ernst und sprach weiter:»Intuition ist unschätzbar wertvoll. Ihr vertrauen zu lernen, kann das Leben sehr viel reicher machen. Aber«, wenn er Hände gehabt hätte, hätte er an dieser Stelle einen Zeigefinger nach oben gestreckt; Anni konnte es richtig vor sich sehen,»bevor es ans Üben geht, sollten wir noch genauer definieren, wovon wir reden.«

»Einverstanden.« Anni nickte interessiert.

»Intuition erlebst du, wenn du plötzlich auf eine deutliche oder eher unterschwellige Weise etwas weißt. Vielleicht musst du eine Entscheidung treffen, ringst dich lange nicht dazu durch – aber da ist so ein Gefühl, dass der eine Weg gut wäre und der andere nicht. Das kennst du sicher, oder?«

»Ja, natürlich«, bestätigte Anni.»Manchmal bin ich dann dem Weg gefolgt, für den es zwar kein gutes Gefühl, aber viele gute Argumente gab. Und es ist mir nicht bekommen. Es war oft ein Fehler. Und umgekehrt. Wenn ich auf mein Gefühl geachtet habe …«, sie überlegte,»dann ging es eigentlich immer gut.«

»Dann hast du auf deine Intuition gehört, in diesem Fall einfach auf dein Bauchgefühl, und hast eine positive Erfahrung damit gemacht. Um genau solche Erfahrungen geht es.«

Leo ließ Anni einen Moment Zeit, bevor er weitersprach.

»Eine andere Ebene der Intuition oder auch Inspiration ist es, wenn du eine plötzliche Eingebung hast. Dir kommt eine sensationelle Idee, du weißt wie aus heiterem Himmel, was du tun willst, oder dir fällt im richtigen Moment eine frühere Begebenheit wieder ein, die dir jetzt die genau passende Antwort auf eine aktuelle Frage gibt.«

»Ja, wenn du es so beschreibst«, stellte Anni fest,»dann kenne ich auch das. So etwas passiert mir ab und zu mal, aber so richtig bewusst gemacht habe ich mir das bisher nie. Es war einfach immer nett, wenn es dazu kam.«

»Etwas eingerostete Antennen, sag ich doch«, meinte Leo. »Sobald du das begriffen hast, kannst du diese Antennen wieder in einen guten Zustand bringen.« Er schaute sie direkt an. »Du machst das eh schon richtig gut. Und bald kann es ganz natürlich und normal für dich sein, auf diese Weise zu kommunizieren, wie wir es gerade tun.«

»Und dann kann ich auch Löwen kraulen?«

»Vielleicht bleibst du erst mal noch ein Weilchen bei Eseln«, antwortete Leo grinsend und Anna lachte.

»Du bist ein guter Lehrer«, sagte sie dankbar. »Aber woher weißt du solche Dinge?«

»Über die Intuition und diese Sachen? Nun, ein Ur-Ur-Ur-Ur-Urgroßonkel von mir beispielsweise lebte viele Jahre bei einem persischen Dichter. Der war ein großer Mystiker und mein Verwandter konnte beobachten, wie er oft ganz lang einfach nur still dasaß. Seiner spirituellen Tradition folgend, hatte er dabei meist demütig den Kopf gesenkt und schaukelte wie in Trance mit dem Oberkörper vor und zurück. Manchmal richtete er sich dann plötzlich auf und schien zu lauschen. Schließlich notierte er ein paar Zeilen. In meiner Familie erzählt man sich, dass man manchmal fast schon sehen konnte, wie ein Energiestrom, ein Licht von oben in seinen Kopf hineinströmte – und in sein Herz. ›Dieser Mann schrieb inspiriert‹, sagt man dazu. Und er vertraute voll und ganz seiner Inspiration.«

Leo überlegte kurz und ergänzte dann: »›Je stiller du wirst, desto mehr kannst du hören‹, hat dieser persische Dichter gern gesagt.«

»Das stimmt!«, erwiderte Anni erstaunt. »Das ist ein schöner Satz. In meinem Alltag ist so viel Lärm, da habe ich kaum mal eine frische Idee oder einen Geistesblitz. Aber wenn es zufällig mal ruhig ist, kommen mir oft viel bessere Gedanken in den Kopf.«

»Wenn ›es‹ mal ruhig ist?«, hakte Leo nach.

»Ja, wenn mal nichts zu tun ist.« Anni kramte in ihren Erinnerungen. »Oder wenn ich mich angestrengt habe, wenn etwas geschafft ist, das nicht leicht war, dann ist nachher auch manchmal diese Stille in mir. Oder wenn etwas schön war, ausgelassen, frei, dann denke ich nichts weiter … und dann kommen mir gute Ideen.« Anni schwieg einen Moment. »Wie hat es dieser Dichter formuliert? ›Wenn du leise wirst, hörst du mehr? ‹«

Leo half ihr: »Ja, in diesem Sinne. ›Je stiller du wirst, desto mehr kannst du hören.‹ Und auf diese Weise hörst du auch mich.«

»Je stiller du wirst, desto mehr kannst du hören.«
RUMI

»Je stiller ich werde …«, wiederholte Anni leise für sich selbst. Dann hellte sich ihr Gesicht auf: »Ja, je stiller *ich* werde! Die Welt ist manchmal immer noch laut, aber *ich* bin leise geworden. Und dann höre ich mehr. Dich zum Beispiel. Als ich hier heraufkam, hatte das lange Gehen meinen Kopf schon etwas beruhigt. Ich habe die Sonnenstrahlen auf der Haut genossen und bin ganz still geworden. Und dann habe ich gehört, wie du mich grüßt.«

»Genau«, bestätigte Leo, erfüllt von Zufriedenheit darüber, dass Anni zu verstehen begann. »Und mehr noch: Du hast dich auf die Unterhaltung eingelassen. Du hast meinen Gruß nicht nur gehört, du hast diese Ebene des Seins als real angenommen und bist einfach hineingesprungen.«

Anni schien in die Erinnerung an ihre Ankunft hier versunken.»Es war sogar ich, die zuerst gegrüßt hat. Zuerst war es mir peinlich.« Sie lachte. »Und dann war ich in deinem Auge versunken, in dem ich mein Leben sah, so wie es derzeit ist.«

Als erlebte sie ein Déjà-vu, stand Leo genau jetzt wieder dicht vor ihr und sie blickte in sein ihr zugewandtes Auge. Erneut schien darin eine ganze Welt, ein vollständiges Universum aufzuleuchten, in das sie sich unwiderstehlich hineingezogen fühlte. Dunkel und Licht, auch diesmal, ein unendlich weiter Raum, durchsät von leuchtenden Funken, und dieses Erahnen einer übergroßen Freundlichkeit. Eine Tür tauchte wie aus dem Nebel auf, eine große hölzerne Tür, die sich ein gutes Stückchen öffnete und eine Welt dahinter sichtbar werden ließ, die Anni erstaunlich vertraut war, während sie zugleich dachte, dass sie sie noch nie zuvor gesehen hatte. Licht war es dort, warm und hell. Die Landschaft leuchtend grün und voller Blüten. Ein Krokodil schwamm in einem Fluss, hoch oben zog ein Adler seine Kreise. Und alles und jedes hier schien Anni zu kennen, zu grüßen, einzuladen. Ein Löwe schüttelte sich, warf sein Fell ab und wurde zum Esel. Der sprang in den Fluss, schwamm hindurch und stieg am anderen Ufer wieder an Land: als Löwe. Ihr Schreibtisch kam ins Bild und aus dem Monitor, der dort zentral stand, flatterten Dutzende, Hunderte an bedruckten Blättern, die sich rasch im Wind zerstreuten. An ihrer Stelle begannen grüne Blättchen und bunte Blumen zu wachsen und quollen bald aus dem schwarzen Rahmen hervor, der sie gar nicht alle fassen konnte. »Alles ist im Wandel«, flüsterte eine Stimme, während sich die Tür zu dieser erstaunlichen Welt langsam wieder so weit schloss, dass Anni nicht mehr hindurchsehen konnte. »Alles ist im Wandel«, hörte sie noch einmal, »auch du.«

Das sanfte Licht trat noch immer durch den Türspalt. Anni spürte die angenehme Wärme auf der Haut und merkte mit einem Mal wieder, dass sie ihr Gesicht der Sonne zugewandt hielt. Leo stand neben ihr. Er bewegte sich nicht, nur sein Atem war zu hören.

»So vieles ist möglich«, flüsterte er. »Die Intuition öffnet dir Türen in ungeahnte Räume. Du darfst ihr vertrauen. Auch wenn du sie nicht verstehst. Das Verstehen wird kommen, wenn die Zeit dafür reif ist.«

Anni fühlte eine angenehme Weite im Körper. »Ich möchte ihr mehr vertrauen«, sagte sie mit klarer Entschiedenheit in der Stimme. »Wie stelle ich das an?«

»Wie gesagt: Du musst es üben«, sagte Leo und lief ein wenig auf und ab. Da Anni ihn fragend anschaute, kam er wieder zur ihr und sprach weiter: »Lass uns am besten gleich beginnen. Eine Sache kannst du im Alltag tun: Achte einfach mehr auf die leise innere Stimme, auf Eingebungen oder Bauchgefühle. Nimm sie ernster. Sei offen dafür. Dann zeigen sie sich immer mehr, du lernst sie kennen, und das Vertrauen wächst von selbst.«

»Okay, das sind gute Hinweise«, erklärte Anni. »Dann passe ich immer so ein bisschen auf, ob sich die Intuition zeigt. Ich bin wacher für sie.«

Vertraue deiner INTUITION.
Sie spricht über Bilder, Gefühle,
Eingebungen und Ahnungen
zu dir. Und sie lässt dich mit all den
beseelten Wesen um dich her
kommunizieren. Das mag
ungewohnt sein, doch wenn du dich
darauf einlässt, offenbart
sie dir, was dir dein Verstand
niemals zeigen könnte, und führt
dich auf den Weg deines Herzens.
Denn INTUITION, das ist seine
Sprache: die Sprache
DEINES HERZENS.

Leo nickte. »Eine andere Variante kannst du direkt üben. Dafür brauchst du keine besonderen Alltagsmomente. Probieren wir es gleich? Bereit?« Leo spitzte die Ohren, während er sie direkt anblickte.

»Ja, ich bin bereit«, erwiderte Anni. »Was soll ich tun?«

»Gar nichts«, grinste er. »Das ist es ja eben. Für euch Menschen wahrscheinlich das Schwierigste überhaupt: einfach mal nichts tun, nichts sagen, nichts denken. Aber ...«, er machte eine bedeutungsvolle Pause, »erst mal habe ich tatsächlich eine Aufgabe für dich. Überleg dir, auf welche Frage du gern eine Antwort hättest.«

Anni setzte schon zu einer Erwiderung an, da fügte Leo hinzu: »Lass dir ruhig Zeit dafür. Du musst nichts überstürzen.«

Also schloss Anni kurz die Augen, öffnete sie dann wieder und sagte: »Doch, ich bleibe dabei. Ich möchte gern wissen, was ich tun kann, damit mein Leben entspannter wird und ich wieder mehr Freude empfinde.«

»Okay«, sagte Leo. »Dann schließ jetzt wieder die Augen, wiederhole deine Frage und bitte in dein Inneres hinein um eine Antwort. So als würdest du die Frage deinem Herzen stellen. Und nun wartest du einfach. Du weißt ja: Je stiller du wirst, desto mehr kannst du hören. Du wartest, bis etwas vor deinem inneren Auge erscheint. Vielleicht hörst du auch ein Wort, einen Satz, ein Lied, hast einen Gedanken oder was auch immer ... Okay?«

»Ja, okay.«

Anni schloss die Augen und Leo sah an ihren Lippenbewegungen, dass sie innerlich ihre Frage stellte. Dann war es still ... bis Anni, die Augen noch immer geschlossen, laut ausrief: »Ach je, ich sehe einen Esel!«

Sie blickte zu Leo hinüber. »Und jetzt?«

Leo schaute amüsiert. »Ein Esel ist ja auf jeden Fall schon einmal nett anzusehen. Was hat er denn gemacht, der Esel, den du gesehen hast?«

»Er sah aus wie du und er hat getanzt.«

»Okay. Dieses Bild ist offenbar die Antwort auf deine Frage. Nun geht es darum, sie zu interpretieren. Was fiel dir spontan dazu ein? Wie war dein Gefühl zu diesem Bild? Was denkst du, was es bedeutet? Die Interpretation muss immer im Zusammenhang mit deiner Frage stehen.«

Anni überlegte kurz. »Ich war erstaunt und dachte dann sofort, dass sich mein Leben wohl verbessern kann, wenn ich öfter zu dir komme und wir uns so unterhalten wie heute.«

Leo nickte. »Es könnte aber auch heißen«, sagte er dann und Anni sah schon wieder den Schalk in seinem Nacken aufblitzen, »dass du sämtliche Eseleien lassen solltest, wenn es besser werden soll in deinem Leben.« Er bemühte sich, ernst dreinzuschauen.

Anni musste lachen: »Das glaube ich nicht.«

»Warum nicht?«, hakte Leo nach.

»Es wirkte einfach nicht so. Es fühlte sich nicht so an. Ein paar Eseleien täten mir wahrscheinlich ganz gut, so ernsthaft und pflichtbewusst, wie ich meistens unterwegs bin.«

»Das ist ein wichtiger Punkt«, betonte Leo. »Alles, was du intuitiv wahrnimmst, kann auf unterschiedliche Weisen interpretiert werden. Welche für dich stimmt, kannst nur du wissen. Und du weißt es vor allem über dein Gefühl. So wie du jetzt gespürt hast, dass die Interpretation, die ich vorgeschlagen habe, für dich nicht stimmt. Auch wenn ich einen Witz daraus gemacht habe, das Bild ließe sich problemlos so interpretieren. Aber du hast gemerkt, dass für dich etwas anderes richtig ist.«

Anni fiel noch etwas auf: »Ich kann das Bild sogar komplett gegenteilig interpretieren. Dann heißt es nämlich, ich solle mehr tanzen, öfter ausgelassen sein, ruhig mal wie ein sprichwörtlicher Esel wirken und mich nicht darum scheren, was die anderen denken könnten.«

Anni atmete tief ein und mit einem kaum hörbaren Seufzer lange aus. »Ja«, sagte sie dann, »das fühlt sich wirklich sehr stimmig an. Und ich glaube nicht, dass mir mein Verstand das vorgeschlagen hätte. Ich dachte eher, ich brauche mehr Disziplin, um alles Anstehende effektiver zu erledigen, sodass ich in der restlichen Zeit entspannter sein könnte.« Leo sah sie mitfühlend an, als er sagte: »Wie fühlt sich diese Idee aus deinem Kopf an? Wie stimmig könnte sie sein?«

Anni lachte spontan auf. Es klang ein wenig Bitterkeit mit. Dann sagte sie: »Gar nicht stimmig! Sie ist anstrengend und funktioniert nicht. Ich probiere es auf diese Weise schon ziemlich lang.«

»Und der tanzende Esel?«

Sie schloss wieder die Augen und ein Lächeln breitete sich auf ihrem Gesicht aus. »Der fühlt sich gut an, auch wenn er mir ein wenig Angst macht. Diese ausgelassene Seite, mit der habe ich nicht so viel Erfahrung. Aber ich bin froh, dass sie sich mir so gezeigt hat.« Sie schaute Leo an. »Es ist schön, auf diese Art um Antworten zu bitten – überraschend und irgendwie nah an dem, worum es vielleicht wirklich geht.«

Leo sah Anni mit fürsorglicher Ernsthaftigkeit an und sagte: »Diese Art, um Antworten zu bitten, kannst du jederzeit nutzen. Für all deine Fragen, für alle anstehenden Entscheidungen. Wenn du die Antworten ernst nimmst, kann sich dein Leben total verändern. Und mit jeder Antwort, die sich für dich als stimmig erwiesen hat, wächst dein Vertrauen in deine Intuition. Dadurch wirst du sie bald immer selbstverständlicher einbeziehen. Ihre sanfte Stimme wird sich in der Folge immer häufiger bei dir bemerkbar machen.«

»Diese Art, um Antworten zu bitten, kannst du jederzeit nutzen.«

Beide schwiegen eine Weile. In Annis Kopf war es erstaunlich still geworden. Und doch arbeitete es auf einer tieferen Ebene in ihr.

Wie jemand, der aus dem Halbschlaf aufwacht, weil ihm plötzlich etwas Wichtiges einfällt, fragte sie jetzt:»Könntest du mich ein wenig begleiten und mir helfen, mein Leben neu zu betrachten und ein bisschen mehr Freude und Licht hineinzubringen?«

Leo schaute sie einen Moment lang ohne jede Regung an. Dann platzte es aus ihm heraus:»Und das fragst du mich Esel?!« Er warf einmal mehr seinen großen Kopf in den Nacken und krächzte sein überlautes »Iii-iieeh-Aah«-Lachen hinaus in den Tag. Diesmal musste Anni herzlich mitlachen. Es hatte sie selbst kurz erstaunt, dass sie diese Frage stellte. Denn es war ja schon ziemlich verrückt, was sie hier tat – und nun wollte sie damit weitermachen?! Ihr Verstand kam schon längst nicht mehr hinterher. Lachen war da einfach das Beste.

Aber dieser Morgen hier auf dem Hügel in der Sonne mit diesem erstaunlichen Vierbeiner tat ihr gut. Sie hatte sich schon lange nicht mehr so entspannt gefühlt, so …, ja, so selbstvergessen.

Grinsend sagte sie:»Ich interpretiere mein inneres Bild von vorhin so, dass ich noch ein bisschen was von dir lernen sollte.«

»Tanzen zum Beispiel?« Leo grinste mit.

»Ich weiß nicht«, sagte Anni und rümpfte gespielt ein wenig die Nase. »Vielleicht nicht unbedingt Tanzen. Aber vielleicht kann ich dich wieder besuchen kommen, um mich mit dir zu unterhalten.«

»Von mir aus gern«, sagte Leo lächelnd.»Du kannst jederzeit wieder vorbeikommen. Ich bin hier.«

»Ich habe ziemlich viel um die Ohren«, meinte Anni plötzlich zögerlich. »Doch einmal im Monat kann ich bestimmt hierherkommen.« Als Leo nichts erwiderte, betonte sie:»Mindestens einmal im Monat.«

»Das machst du, wie du willst und kannst«, sagte der Esel entspannt. »Wichtig ist nur, dass du dich an eine Regel hältst, wenn du für dein Leben etwas lernen willst.« Leo grinste schon wieder bestens gelaunt, während Anni ihn gespannt ansah. Was würde wohl jetzt wieder kommen? Er ließ sie nicht lang zappeln. Nachdrücklich sagte er:»Du musst dich an die Lehrgebäudeanwesenheitspflicht halten.«

»An die was??« Anni wusste nicht, ob er schon wieder einen Witz gemacht hatte. Doch Leo nickte bedeutungsvoll. Er schien es sehr wohl ernst zu meinen. Daher fragte Anni genauer nach:»Einmal im Monat?«

»Das wäre ein guter Anfang. Aber eigentlich gilt sie immer.«

Anni schaute kurz irritiert. Dann freute sie sich, dass sie kontern konnte: »Lehrgebäudeanwesenheitspflicht – hier ist ja nicht mal ein Gebäude!«

»Ist das wahr?«, fragte Leo und fügte nach einer kurzen Pause hinzu: »Darüber kannst du ja bis zum Wiedersehen ein bisschen nachdenken.«

Anni hatte nicht den Eindruck, dass sich eine Diskussion zu diesem Thema lohnte.»Mach ich«, willigte sie deshalb eher halbherzig ein.

»Lass deine Intuition spielen«, sagte Leo lächelnd.»Das ist eh besser.«

»Das mach ich gern«, bestätigte Anni, und diesmal meinte sie es auch wirklich so.

Einen Moment noch standen beide stumm beisammen, dann wandte sich Anni zum Gehen. Als ihr Blick auf ihren Heimweg fiel, bemerkte sie, dass die Welt jenseits des Hügels immer noch im Schatten lag. Nur hier oben schien die Sonne und tauchte dieses aus allem herausgehobene Plateau weiterhin in ein warmes Licht, das die grau wirkende übrige Welt überstrahlte.

»Das ist hier wie ein Stück Himmel auf Erden«, sagte Anni zu Leo gewandt.

»Oh ja«, erwiderte der.»Und wo wir schon dabei sind: Auch ein Geistesblitz, eine Eingebung bringt ein Stückchen Himmel zu dir.«

»Ja, das passt«, rief Anni freudig.»Es ist, als fielen solche Gedanken oder Bilder vom Himmel. Plötzlich sind sie da.«

Sie zögerte. Es fiel ihr schwer, sich von Leo und diesem Ort zu lösen. Vielleicht würde ja die ganze Magie, die sie gerade erlebte, verschwinden, sobald sie den Rückweg antrat.

Sie sah Leo an. Der nickte aufmunternd und mit einem langsamen Kopfnicken verabschiedete sich Anni ihrerseits von ihm.

Als sie ein paar Schritte gegangen war, drehte sie sich noch einmal um und sagte leise, aber doch für ihn hörbar:»Ich danke dir.«Dann lief sie weiter, ohne noch einmal zurückzuschauen. Rasch tauchte sie in den Schatten jenseits des Hügels ein, der bald außer Sichtweite geriet.

Lehr-ge-bäu-de-an-we-sen-heits-pflicht tönte es in ihrem Kopf zum Takt ihrer Schritte, die sie zügig hügelabwärts führten. Lehr-ge-bäu-de-an-we-sen-heits-pflicht ...

Plötzlich hielt sie inne. Sie hatte bemerkt, was sich da in ihrem Kopf verselbstständigt hatte.»Was für ein Wort! Entweder spinnt dieser Esel ... oder ich«, murmelte sie.»Nun, ziemlich sicher bin ich es. Wo ich jetzt schon mit Eseln rede!«

Anni schmunzelte und setzte gut gelaunt ihren Weg nach Hause fort.

MITTLER ZWISCHEN HIMMEL UND ERDE SEIN

»Was machst du denn hier? Es sind doch erst zwei Wochen vergangen, kein Monat!«

Leo klang zwar streng, doch er strahlte, als er Anni den Hügel heraufkommen sah.

»Hallo, Leo«, grüßte sie. Sie war zügig gelaufen, um nicht ins Nachdenken darüber zu kommen, ob es eine gute Idee war, hierher zurückzukehren. Ihre Erinnerung an diesen sonnigen Hügel mit der kleinen Linde und diesem erstaunlichen Esel war ihr in den letzten Tagen immer unwirklicher vorgekommen. Immer realitätsferner. Immer spinnerter.

Der Alltag hatte Anni nach ihrem ersten Besuch bei Leo rasch eingeholt. Sie hatte sich anfangs beschwingt gefühlt, belebt, als wäre der Horizont ein Stückchen weiter geworden. Frisch motiviert war sie in ihrem Tun aufgegangen …, aber irgendwann doch wieder im Funktionieren, Klagen und Hadern versunken. Unerreichbar für sich selbst. Sie hatte wieder aufgehört, sich zu spüren. Eigentlich war sie das ja gewohnt, aber diesmal hatte sie es bemerkt. Das war neu.

Ihr Zusammentreffen mit Leo hatte etwas verändert. Vielleicht nur eine Kleinigkeit, aber eine bedeutsame Kleinigkeit. Es hatte in Anni die Erinnerung geweckt, dass zu leben weit mehr bedeutete als das, was ihr der Alltag bot. Dass weit mehr möglich war. Oder möglich wäre, wenn … ja, wenn … wenn was?

Genau darüber hatte sie immer wieder nachgedacht. Was machte den Unterschied aus, ob das Leben farbenfroh und begeisternd, vielfältig und vielschichtig war – oder eher blass und kantig? Was genau war es, das bewirkte, dass sie sich selbst in all ihrer Lebendigkeit und Lebensfreude spürte – und dann, ziemlich oft, eben nicht, weil sie nur noch am Hasten und Kämpfen war? Und wieso hatte dieses eine Gespräch mit Leo – einem Esel! – solche Fragen in ihr wachgerufen? Warum war in der Begegnung mit ihm der Himmel aufgegangen und sie auf irgendeine zauberhafte Weise wieder mit sich selbst in Verbindung gekommen? Und wie konnte es geschehen, dass sich der Himmel so schnell wieder schloss?

»Ich möchte wissen«, hatte sie zu Caro, ihrer besten Freundin, gesagt, »ob ich richtig lebe. Ob das stimmt, was ich tue. Ob es dem Sinn entspricht, der ja irgendwo verborgen sein muss.«

Caro hatte erwidert, sie solle sich über so etwas nicht den Kopf zerbrechen. »Du wirst es sowieso nie wissen. Das sind viel zu große Fragen. Komm, lass uns schauen, was wir am Wochenende anstellen können.«

Nun stand Anni wieder vor Leo, sah in seine freundlichen Augen und empfand dieses angenehme Gefühl des Willkommenseins.

Sie schwiegen eine Weile, dann sagte Anni recht unvermittelt, als würde ihr diese Frage schon lange unter den Nägeln brennen:»Wieso stehst du da immer so allein?«

Der Esel schaute sich verwundert um, als würde er erst jetzt bemerken, dass da kein Artgenosse war, kein weiterer Vierbeiner und auch kein Mensch. Nur er auf der Wiese auf dem Hügel neben der kleinen Linde.

»Wieso allein?«, fragte er zurück.

»Na, allein eben.« Anni schaute ihn erstaunt an.»Da ist ja niemand anderes als du. Oder übersehe ich jemanden?«

»Hm«, machte Leo,»ich habe mich hier noch nie allein gefühlt. Der Baum, die Wiese, die Gräser und Blumen, die Sterne in der Nacht – wie sollte ich da allein sein? Manchmal kommt jemand wie du vorbei.«

Anni lächelte und wollte zum Sprechen ansetzen, doch Leo redete einfach weiter. Als würde er ihre Gedanken vorwegnehmen, sagte er:»Falls du andere Esel meinst, da ist zurzeit tatsächlich keiner da. Aber dafür habe ich jede Menge davon in meinem Kopf – und in meinem Herzen.«

Leo schaute versonnen in Richtung Horizont. Er schien ein paar Erinnerungen nachzuhängen.

»Ich habe mich einsam gefühlt«, sagte Anni mit einem Mal leise in die Stille hinein.

»Oh«, rief Leo, den Kopf wieder zu ihr hin wendend, und grinste bis zu den langen Ohren,»hast du dich etwa schon in mich verliebt?«

»Du Esel!«, rief Anni mit gespielter Entrüstung und stupste ihn sanft mit den Fingern gegen die plüschige Stirn.

Leo wechselte gleich wieder die Stimmung und schaute sie mitfühlend an.»Was hast du denn vermisst?«, fragte er.

Anni dachte nach.»Eine gute Frage. Ich habe mich einfach einsam gefühlt. Ich wollte jemandem von dir erzählen, von der Intuition, von unserem Gespräch und der Möglichkeit, einen Löwen zu streicheln«, Anni lächelte und wurde gleich wieder ernst. »Aber wem denn? Selbst meine Freundinnen hätten mich für verrückt gehalten. Oder zumindest für schräg. Also habe ich nichts gesagt.«

»Schweigen ist nichts Schlechtes.« Leo versuchte sie aufzumuntern.

»Schon, aber ich wollte mit jemandem bereden, was mich bewegte, und …« Anni stockte. »Und da war niemand. Ich habe niemanden, mit dem ich über solche Dinge reden könnte.«

Anni fühlte sich etwas beschämt, sah Leo aber schließlich wieder direkt an. Sein ihr zugewandtes Auge schimmerte dunkel und licht zugleich und Anni spürte wieder diese magische Anziehungskraft, die von ihm ausging. Eine freundliche Macht zog sie hinein in den weiten Raum dieses Auges, immer schneller und tiefer. Der Raum verwob sich mit der Unendlichkeit und Anni schien in atemberaubender Geschwindigkeit an Sternen und Galaxien vorbeizufliegen. Bilder der Menschen ihres Lebens tauchten auf, Freundinnen und Kollegen, Verwandte und Nachbarn, schemenhaft nur – und sie alle drehten sich von ihr weg, sobald sie sich auf sie zubewegte. Anni irrte von einem zum nächsten, immer eiliger, immer dringlicher, doch sie alle kehrten ihr den Rücken zu. Wie eine Verdurstende jagte sie den anderen nach … und kam schließlich vor einer Frau zur Ruhe, die sich nicht abwandte und ihrem Blick standhielt: der Frau in dem Spiegel, der vor ihr aufgetaucht war. So schaute sie ihr – sich selbst – in die Augen. Erstaunt. Stumm. Eine ganze Zeit lang.

Leo schloss langsam die Augen und weckte Anni damit aus ihrem Tagtraum. Sie schloss ihrerseits für einen Moment die Augen und sagte dann: »Es ist, als hätte ich nur noch mich. Niemanden sonst.«

»Dich selbst zu haben, das ist viel«, erwiderte Leo leise.

Anni sah auf und in ihre Augen trat für einen Moment ein ebensolcher Schimmer, wie Leo ihn hatte. Doch rasch erlosch er wieder. »Wenn einen niemand mehr versteht, ist das furchtbar!«

»Das mag sein«, sagte Leo einfühlsam. »Eine Veränderung aber passiert oft erst dann, wenn du dich nicht mehr um die anderen kümmerst, nicht mehr bedürftig an ihnen hängst, sondern erst einmal wieder zum Zentrum deines Lebens findest: zu dir selbst.«

Anni nickte zögerlich. »Das mag sein. In den Momenten der Einsamkeit war mir das aber nicht möglich. Ich wollte es nicht mal.« Sie versuchte zu rekapitulieren, was genau passiert war. »Weißt du, ich habe in den letzten zwei Wochen oft versucht, mehr Intuition in mein Leben zu lassen, so wie du es mir erklärt hast. Dabei hatte ich viel weniger das Bedürfnis, Leute zu treffen und zu reden. Ich war deutlich mehr für mich, weil ich so viel zu erforschen und zu begreifen hatte. Ich war in der Natur und einfach zu Hause. Manchmal wollte ich mich aber mit jemandem austauschen und mir fiel niemand ein, der mich vielleicht verstehen könnte. Das tat sehr weh.«

Anni machte eine Pause. Es war, als würden zwei Herzen in ihrer Brust miteinander ringen. Das eine strahlte und das andere dimmte immer wieder ängstlich das Licht.

»Dich selbst zu haben, das ist viel.«

»Es war irgendwie schön«, sagte sie schließlich, »aber ich habe mich oft einsam gefühlt. Fremd unter den anderen. Wie eine komische Einzelgängerin. Wie ein Alien, der an einem völlig falschen Platz gelandet ist.«

»Ich fürchte, meine Liebe«, begann Leo sanft, »durch diese Phase müssen wir alle einmal durch.«

»Na, wenn es nur eine Phase ist«, seufzte Anni und ergänzte nach ein paar Momenten des Überlegens: »Wie lange dauert sie denn üblicherweise? Und wodurch finde ich wieder diese Nähe zu anderen, die ich jetzt gar nicht mehr spüre?«

»Schwer zu sagen«, meinte Leo. »Eine solche Phase kann ganz unterschiedlich lang sein. Bei manchen scheint sie das halbe Leben zu dauern.« Als er Annis erschrockenes Gesicht sah, beeilte er sich zu sagen: »Keine Sorge. Ich glaube nicht, dass du zu diesen Menschen gehörst. Und nebenbei erwähnt: Auch sie können in die Verbundenheit finden. Du aber hast dich ja bisher mit anderen verbunden gefühlt und jetzt ist dieses Gefühl erschüttert worden. Nach einer Weile wird es sich wieder einstellen, aber auf einer neuen Ebene und in einer neuen Art – wahrscheinlich sogar intensiver und vielfältiger.«

Anni war noch nicht zufrieden mit dieser Aussicht. »Ist das nicht ein schwieriger Weg?«

»So ist das mit Krisen: Was wir kennen, wird erschüttert und funktioniert nicht mehr. Eine Zeit lang hängen wir in der Luft, wir können nicht zurück, aber auch nicht vorwärts, denn vor uns scheint es keinen Boden zu geben. Mit der Zeit aber entwickelt sich das ... – oder besser gesagt: Mit der Zeit entwickeln wir uns zu etwas Neuem hin. Zu etwas, das wir vorher gar nicht sehen konnten. Vielleicht wirst du dich mit deinem bisherigen Umfeld wieder vertrauter fühlen, möglicherweise sogar tiefer verbunden als zuvor. Oder aber, und das ist der häufigere Weg, es entstehen neue Verbindungen. Neue Menschen und vielleicht auch andere Wesen, Dinge oder Aktivitäten kommen in dein Leben, die dir lieb werden.«

Anni hatte dem Esel beinahe andächtig zugehört. Irgendwie schwang Hoffnung in seinen Worten mit, aber so richtig glauben konnte sie ihm nicht. »Es klingt schon gut, was du sagst«, begann sie langsam, »aber es macht mir auch Angst. Ich fühle mich etwas verloren. Alles ist ein bisschen durcheinander gekommen.«

»Ja, man sollte vorsichtig sein, mit wem man redet. Wer sich auf einen Esel einlässt, der sollte nicht überrascht sein, wenn die Dinge durcheinandergeraten.« Leo grinste vergnügt. »Weißt du, ich erlebe dich als sehr stark und zugleich auf eine Weise offen für Neues und Ungewöhnliches, wie es wohl nicht so viele Menschen sind. Etwas in dir will weitergehen und Welten erobern, die du bisher nicht kanntest. Deswegen wirst du sicher nicht in dieser kleinen Krise stecken bleiben.«

»Danke«, sagte Anni. »Schön, dass du das so äußerst. Das tut mir gut. Aber muss ich denn ganz allein weitergehen? Ohne die Menschen, mit denen ich bisher meine Zeit verbracht habe?«

»Das wirst du sehen«, erwiderte Leo nüchtern. »Niemand kann wissen, was die Zukunft bringt.«

»Vielleicht sollte ich mutiger sein«, Anni schien innerlich neuen Schwung zu holen, »und mit zumindest ein oder zwei Freundinnen ehrlich darüber sprechen, was mich gerade beschäftigt.«

»Das wäre eine Möglichkeit. Wie fühlt es sich an?«

»Nicht so richtig gut, leider.« Der Schwung war schon wieder weg. Anni suchte nach einem Ausweg. »Vielleicht, wenn ich mehr Informationen hätte, mit denen ich sie überzeugen könnte. Es gibt ja auch Bücher über Intuition und Inspiration und spirituelle Dinge.«

»Du möchtest deine Freundinnen überzeugen?«, vergewisserte sich Leo.

»Klingt anstrengend, oder?«, fragte Anni etwas kraftlos.

»Anstrengung lohnt sich manchmal. Und manchmal ist sie nicht der richtige Weg.«

»Den Eindruck habe ich hier. Ich habe keine Lust, Caro oder Tanja davon zu überzeugen. Ich müsste dann viel reden und argumentieren, dabei weiß ich doch selbst noch nicht, was los ist. Es passiert ja eher im Bauch. Und im Herzen. Und nicht so sehr im Kopf.«

Leo nickte.

Anni fiel noch etwas auf:»Ich habe auch gar nicht den Eindruck, dass meine Freundinnen eine Veränderung wollen. Sie sind, wie sie sind. Und sie sind toll. Aber seit einiger Zeit schon merke ich, dass ich mich von ihnen entferne. Ich bin es, die einen neuen Weg sucht. Mir würde etwas fehlen, wenn ich einfach so weitermachen würde. Da klopft etwas an die Tür und ich will sie nicht weiter zuhalten oder so tun, als hätte ich es nicht gehört.«

Leo nickte wieder.»In dir ist eine Sehnsucht erwacht. Und vielleicht macht sie dich eine Zeit lang einsam. Aber sie führt dich auf einen Weg, der bestimmt auch wieder aus der Einsamkeit herausfindet.«Nach einer Pause sagte er:»Ich würde dir gern etwas erklären. Das könnte möglicherweise hilfreich sein.«

»Sehr gern«, erwiderte Anni voller Offenheit. Sie war so dankbar über diesen erneuten Austausch mit Leo. Wie oft hatte sie in den letzten Tagen daran gezweifelt, dass es eine gute Idee sei, wieder hierherzukommen? Wie oft hatte sie befürchtet, dass sie bei einer zweiten Begegnung nichts würde hören können – dass da, wenn überhaupt, einfach nur ein grauer Esel stehen würde. Und doch war sie ihrem Impuls gefolgt. Der Sehnsucht, die in ihr wach geworden war.

»Es gibt im Leben«, begann Leo,»eine horizontale Ebene und eine vertikale Ebene.«

»Wie in der Geometrie?«Anni war ganz Ohr.

»Genau, wie in der Geometrie. Denn richtig verstanden gehört auch sie unmittelbar zum Leben.«Leo überlegte, wie er den Faden am besten weiterspinnen sollte. Die Spitzen seiner Ohren bewegten sich dabei abwechselnd ein wenig vor und zurück. »Auf der horizontalen Ebene sind wir ständig in Bewegung – von A nach B, von heute nach morgen und übermorgen. Wir kümmern uns um Dinge, die zu tun sind, und wir sind involviert in unsere Beziehungen zu anderen. Alles gut und richtig und notwendig für ein Leben auf der Erde.«

»Stimmt«, staunte Anni, die diese horizontale Ebene direkt vor ihrem geistigen Auge sah. »Wie Ameisen sausen wir alle auf dieser Ebene herum.«

»Ja, manchmal wie Ameisen, manchmal wie aufgeschreckte Hühner und manchmal wie mehr oder weniger weise oder auch sture Esel.« Leo schmunzelte. »Es gibt aber noch die vertikale Ebene. Was passiert nun, wenn du dich in deiner Vorstellung von dieser horizontalen in die vertikale Ebene begibst?«

Anni schloss die Augen. Nach ein paar Sekunden begann sie zu lächeln. »Es wird still«, sagte sie langsam. »Als würde alles anhalten. Ich merke, dass ich hier stehe. Dass ich da bin.«

»Sehr gut«, jubelte Leo. »Deine Antennen für das Feinere waren offenbar gar nicht allzu verrostet.«

Da Anni die Augen noch immer geschlossen hielt, leitete Leo sie zu weiteren inneren Schritten an: »Kannst du unter dir die Erde spüren? Nimmst du wahr, wie deine Füße den Boden berühren?«

Kopfnicken von Anni. Leo ließ ihr Zeit, sich ganz in die Erfahrung hineinsinken zu lassen. Irgendwann fuhr er sanft fort: »Vielleicht kannst du spüren, wie feine Wurzeln aus deinen Füßen wachsen und dich mit Mutter Erde verbinden? … Mit diesem Leben unter deinen Füßen, das unser aller Leben erst ermöglicht? Lass diese Wurzeln in ihrem Tempo immer tiefer werden. Über sie kannst du alte, verbrauchte Energie nach unten abgeben. Mutter Erde wird sie transformieren, das ist ein Leichtes für sie.

Umgekehrt kannst du über diese Wurzeln neue Kraft von unten aufsteigen lassen, in dich aufnehmen und in all deine Zellen fließen lassen. Mutter Erde schenkt sie dir gern, denn du bist eines ihrer geliebten Kinder.« Leo sah, wie Anni ein paar Tränen über die Wangen liefen. Er spürte, dass sie sich ganz in die Verwurzelung und den Kontakt zu Mutter Erde hineinbegeben hatte.

»Geht es dir gut?«, fragte er.

Anni nickte. »Es tut so gut, mal wirklich anzukommen. Sich auf der Erde niederzulassen, statt immer nur über sie hinwegzueilen«, sagte sie leise und wischte sich die Tränen fort.

> »Es tut so gut, mal wirklich anzukommen.
> Sich auf der Erde niederzulassen,
> statt immer nur über sie hinwegzueilen.«

Leo ließ ihr noch ein paar Minuten Zeit. Als er den Eindruck hatte, dass Anni so weit war, spann er die Übung weiter: »Wandere nun mit deiner Aufmerksamkeit langsam durch deinen Körper nach oben. Du spürst deine Füße und nun auch deine Beine ... dein Becken ... Bauch ... Brust ... Rücken ... Nacken ... Hals ... und Kopf.« Er sah, wie Anni sich aufrichtete. Stolz wirkte sie. »Kannst du nach oben hin über deinen Kopf hinausspüren? Kannst du den Himmel über dir wahrnehmen, diesen unendlichen Raum, der dich beschützt und dir doch erlaubt, dich ins Unendliche auszudehnen? Er schenkt dir die Inspirationen, von denen wir gesprochen hatten. Er umhüllt zuverlässig dein Sein und gibt dir zugleich allen nur erdenklichen Raum.«

Unwillkürlich hatte Anni die Arme nach oben gestreckt. Sie bewegte sich leicht, als würde sie weiter in den Himmel wachsen wollen. Leo hatte den Eindruck, dass sie zugleich immer noch fest in der Erde verwurzelt war.

»Wie fühlt es sich an«, fragte er, »so aufrecht zwischen Himmel und Erde zu stehen?«

Anni sagte eine ganze Weile lang nichts.

»Es fühlt sich gut an«, wurde dann hörbar. »Ich erlebe mich als viel kraftvoller und, ja, irgendwie angenehm erwachsen. Es klingt wahrscheinlich komisch, aber ich fühle mich wie ein richtiger Mensch. Im besten Sinne.«

Sie öffnete die Augen und begegnete Leos Lächeln. »Genau das ist es«, sagte er, »der Mensch ist gedacht als Mittler zwischen Himmel und Erde. Aufrecht steht er auf dem Boden, gut verwurzelt, sodass er weit hinauf wachsen kann, um inspiriert zu sein und Himmlisches auf die Erde zu bringen. So zumindest sagen es verschiedene spirituelle Traditionen, einige schamanische Lehren zum Beispiel.«

»Das fühlt sich wundervoll an«, sagte Anni. Sie überlegte: »Wie ist das denn bei euch?«

»Wir Esel machen das genauso. Zumindest in meiner Familie.« In Leos Stimme schwang ein wenig Stolz mit.

»Habt ihr deshalb so lange Ohren?«, rief Anni lachend.

»Unbedingt!« Leo lachte mit. »Unsere Antennen zum Himmel sind tatsächlich sichtbar.«

»Und sehr süß«, ergänzte Anni, die sich plötzlich ganz entspannt und ausgelassen fühlte.

»Weißt du«, sagte sie, noch immer lachend, »das kann ich nun wirklich niemandem erzählen. Aber irgendwie ist das auch nicht mehr so wichtig.« Sie dachte kurz nach. »Als ich da so zwischen Himmel und Erde stand, war ich ganz allein. Aber ich war auch kraftvoll genug dafür. Es fühlte sich ganz natürlich an. Als Mensch auf der Erde stehen und in der eigenen Kraft sein. Getragen von der Erde, Orientierung bekommend vom Himmel.«

»Sehr schön gesagt.« Leo nickte anerkennend.

»Die anderen waren nicht mehr so zentral. Gleichzeitig habe ich mich doch auch verbunden gefühlt«, reflektierte Anni weiter ihr Erleben.

»Womit verbunden?«, fragte Leo, um sie in ihrem Erkenntnisprozess zu unterstützen.

Ihre Antwort kam spontan: »Mit allem. Seltsam, oder? Aber, ja, mit allem. Da war niemand und nichts und doch irgendwie alles.«

»Und die Einsamkeit?«

»Welche Einsamkeit?« Anni schmunzelte schelmisch. »Nein, wirklich, davon war nichts zu merken. Oder vielleicht doch ...« Sie schloss die Augen und spürte erneut in die beiden Ebenen hinein. »Wenn ich die Vertikale verlasse und mich in die Horizontale einfühle, kommt das Einsamkeitsgefühl zurück. Dann werde ich ganz schnell traurig. Aber ich kann wieder in die Senkrechte gehen und dann ..., hm, dann ist es tragbar. Eine Erscheinung des Lebens. Inmitten von sehr viel Verbundenheit.«

»Damit kannst du eine Weile spielen. Verändern wird es sich von selbst. Im Leben ist Wandel nun mal das einzig Konstante, wie ein Weiser in China schon vor Tausenden von Jahren sagte.«

Anni konnte das so stehen lassen. Sie ließ ein paarmal die Schultern kreisen und meinte: »Im Nachhinein betrachtet war es auch anstrengend, so zu stehen.«

»Eher ungewohnt, oder?«, wandte Leo ein.

Während Anni nickte, warf sich der Esel schwungvoll auf den Boden und wälzte sich genüsslich von einer Seite auf die andere. Dabei dehnte er den Kopf mal bis zur einen, mal bis zur anderen Flanke.»Zwischendurch lockern ist wichtig«, rief er mit etwas ruckeliger Stimme.»Nie vergessen: Immer gut zum Körper sein!«

Auch Anni setzte ihre Dehnungen fort. Gern hätte sie es Leo gleichgetan und sich am Boden gewälzt, aber sie traute sich nicht.

»Hast du eigentlich deine Hausaufgaben gemacht?«, fragte Leo, plötzlich wieder auf seine vier Füße springend, und Anni zuckte zusammen wie früher, wenn sie im Unterricht etwas gefragt wurde.

»Was denn für Hausaufgaben?«

Leo bemühte sich, weiterhin streng zu schauen, während er sagte:»Ich hatte dir nur eine einzige Regel genannt, an die du dich halten solltest, wenn das mit dir was werden soll in Sachen Freude und Licht. Diese Regel war in ein schönes langes typisches Menschenwort gekleidet.« Nun grinste er endlich und Anni dämmerte es.»Lehrgebäudeanwesenheitspflicht!«, rief sie.»Darüber sollte ich nachdenken, oder?«

»Genau«, bestätigte Leo.

Als Anni nichts weiter sagte, hakte er nach:»Und? Ergebnisse?«

»Ähm, nein!«Ihre Stimme klang etwas schroffer, als Anni beabsichtigt hatte.»Sorry, ich verstehe es nicht. Hier ist ja kein Gebäude.«

Leo stupste mit der Nase an ihre Schulter.»Wirklich nicht?«

»Nein! Wo denn?«

Leo stupste sie noch einmal.»Worum ging es denn gerade?«

»Darum, gut zum Körper zu sein«, wiederholte Anni und plötzlich begann sie zu begreifen.»Oh, du meinst meinen Körper?!«

»Bingo!«, flötete Leo.»Den meine ich.«

»Nie vergessen:
Immer gut zum Körper sein.«

Jetzt hatte Anni Stoff zum Nachdenken und Leo schaute ihr amüsiert dabei zu, wie sie eins und eins zusammenzuzählen versuchte.

»Du meinst, der Körper ist das Lehrgebäude?«, überlegte sie laut. »Na gut, wenn ich im Leben etwas lerne, dann in diesem Körper. Und solange ich darin lebe, lerne ich. Aber anwesend bin ich ja dabei sowieso. Ich schwebe ja nicht außerhalb des Körpers.«

»Wirklich nicht?«, testete Leo. »Spürst du gerade deine Füße? Oder deinen Bauch?«

»Nein, die habe ich gerade nicht gespürt«, gab Anni zu. »Ich habe ja gesprochen und gedacht.«

»Also, wo warst du?«

»Im Kopf«, antwortete Anni. »Oder eigentlich: in irgendeiner Ideenwelt. In Vorstellungen, die der Kopf produziert hat.«

»Also doch irgendwie außerhalb des Körpers schwebend, oder?«

Leo trabte ein wenig auf und ab und kramte in seinen Erinnerungen: »Meine Großmutter hat mir früher oft von ihrer Großmutter erzählt, die in einem indischen Ashram gelebt hatte. Dort haben die Menschen jeden Morgen ihre Yogaübungen gemacht. Jeden Tag, bestimmt eine Stunde lang. All die mehr oder weniger verrückten Dehnungen und Kräftigungsübungen, für die Indien und seine Heiligen berühmt sind.«

»Bei uns heute ist Yoga auch gut etabliert«, warf Anni ein. »Meist natürlich in den weniger verrückten Varianten.«

Leo nickte. »Und wozu macht ihr es?«

»Na, weil es guttut.« Anni brauchte nicht lang zu überlegen. »Es beruhigt und ist gesund.«

»Das stimmt«, bestätigte Leo. »Ursprünglich aber war es etwas anders gelagert. Zum Yoga gehört nämlich viel mehr als nur die Körperübungen, die ihr meistens darunter versteht. Es ist ein umfassender spiritueller Weg und die Dehnungen und Bewegungen dienen insbesondere dazu, den Körper stark und flexibel genug zu halten, um die spirituelle Entwicklung mitzutragen. Zum Beispiel das lange Meditieren.«

»Oder das Stehen zwischen Himmel und Erde«, ergänzte Anni schmunzelnd. »Dafür brauche ich wohl noch einige Yogasessions.«

»Genau, so ist das gemeint. Allein den Körper gesund und beweglich zu halten, ist ganz schön. Als Selbstzweck aber wird es zu Enttäuschungen führen, denn der Körper wird nun mal älter und irgendwann verfallen. Bestenfalls dienen körperliche Übungen also einem höheren Zweck.«

Anni nickte und Leo fuhr fort: »Umgekehrt aber wird es auch schwierig. Manche von euch übertreiben es mit dem Meditieren und dem Geistigen und vernachlässigen ihren Körper. Wenn der dann aber zwickt und zwackt, dann wird das Geistige auch schwieriger. In den meisten spirituellen Traditionen gibt es daher eine Praxis, die Körper, Geist und Seele gleichermaßen einschließt. Und das ist ja auch logisch, denn wozu sollten wir drei Ebenen haben, wenn wir nicht drei Ebenen brauchen und wenn sie nicht zusammenspielen?«

»Das leuchtet mir ein«, sagte Anni.

»Wenn mir meine Großmutter von ihrer Großmutter erzählt hat, dann konnte ich richtig spüren, wie fest verwurzelt vor allem die langjährigen Bewohner dieses Ashrams in ihrem Körper waren, während sie zugleich auch ihren Geist und ihr Bewusstsein entwickelt hatten. Sie waren präsent in ihrem Körper, ihrem Fahrzeug für die Lehrreise dieses Lebens. Und das«, Leo fing an dieser Stelle plötzlich sein »Iiiiieeh-Aah«-Lachen an, »obwohl sie bestimmt noch nie von dem Wort Lehrgebäudeanwesenheitspflicht gehört hatten. Sie lebten sie einfach.«

Anni sonnte sich in Leos entspannter Gegenwart und genoss heute sogar sein schrilles Lachen.

»Hat diese Großmutter deiner Großmutter denn auch die Lehrgebäudeanwesenheitspflicht eingehalten?«, fragte sie grinsend.

»Selbstverständlich«, betonte Leo. »Aber wir Esel haben es damit auch nicht so schwer wie ihr. Unser Kopf ist zwar groß, aber wir haben darin nicht so viele Hirnzellen, die zum Denken abgestellt wurden. Das macht es für uns leichter, einfach da zu sein und präsent in unserem Körper.« Er überlegte und erzählte dann weiter: »Diese Großmutter war als Blumenmädchen bekannt. Jeden Morgen, ganz früh, ist einer der Yogis mit ihr losgezogen, um frische Jasminblüten vom Markt zu holen, die zu langen Ketten aufgefädelt waren. Mit diesen duftenden Blütenketten hat man dann im Tempel und im Garten die vielen Götterstatuen geschmückt. Diese Großmutter trug zwei Körbe seitlich am Körper, die auf dem Rückweg voller Blüten waren. Schweigend gingen Mensch und Esel jeden Morgen diesen Weg, wie zu einer ersten Meditation an diesem neuen Tag. Ganz anwesend im Lehrgebäude Körper.«

Sie schwiegen eine Weile. Anni hatte sich bei Leos Worten unwillkürlich wieder in die aufrechte Haltung zwischen Himmel und Erde begeben.

»Weißt du«, sinnierte sie, »ich habe durch unser Gespräch gar nicht mehr so viel Angst vor der Einsamkeit. Es scheint mir, als würde mir ein bisschen mehr Alleinsein gerade guttun. Es eröffnen sich so viele neue Welten, die ich mit meinem bisherigen Umfeld nicht teilen kann. Das ist ein bisschen traurig, aber ich entdecke zugleich sehr viel Neues.«

»Und du kannst immer noch mit Eseln reden«, grinste Leo.

»Ja, genau«, pflichtete ihm Anni bei. »Und die Intuition ist da. Himmel und Erde sind da. Ich kann mich nach unten verwurzeln und nach oben für Inspirationen öffnen und etwas Neues ausbrüten.«

»Das stimmt alles«, sagte Leo. »Und doch dürfen wir uns nichts vormachen. Es werden im Alltag auch wieder unangenehme Gefühle auftauchen, und bestimmt wird auch die Einsamkeit dann und wann an deine Tür klopfen. Doch du kannst lernen, immer besser damit umzugehen und über all das, was dir jetzt noch Leid bereitet, hinauszuwachsen. Wir haben ja von einem Lehrgebäude gesprochen, auch wenn dein treuer Körper natürlich zugleich ein Genussgebäude und noch vieles andere darstellt.« Leo lächelte versonnen. »Ich glaube manchmal, dass es im Leben vor allem darum geht, zu lernen, es mit sich selbst auszuhalten. Mit den eigenen Gedanken, Empfindungen und Gefühlen. Wenn du die nächsten Male hierherkommst, können wir das vertiefen, wenn du möchtest.«

Anni nickte eifrig. »Sehr gern. Ich dachte eigentlich immer, dass es mir die anderen schwer machen oder die Umstände. Aber irgendwie stimmt es: Ich könnte mit alldem auch anders umgehen und dann wäre es leichter. Am meisten ärgere ich mich tatsächlich oft über mich selbst.« Sie machte eine Pause und sagte dann nachdenklich: »Es mit mir selbst aushalten, ja, das ist eine Aufgabe. Auch wenn ich mich eigentlich mag, ist es nicht immer leicht.«

»Uns allen hat das Leben nicht nur Honig beschert, sondern auch Wunden geschlagen. Die wollen geheilt sein. Du darfst nachsichtig mit dir sein, fürsorglich und freundlich. Und auch das will gelernt sein.«

Anni nickte still und spürte, wie Leos Worte in ihrem Herzen nachklangen.

»Das Verrückte ist«, erklärte er, »dass die anderen umso lieber mit dir zusammen sind und es dir auch umso leichter machen, je besser du mit dir selbst klarkommst. Und wie könntest du das besser lernen, als wenn du phasenweise ganz für dich allein bist? Ein Mensch zwischen Himmel und Erde.«

Obwohl Leo sicher zwei oder drei Meter von Anni entfernt stand, spürte sie plötzlich wieder diese von seinem ihr zugewandten Auge ausgehende Magie. Es zog sie zu sich, sie versank darin auch über die Entfernung hinweg und sah sich stabil und aufrecht auf der Erde unter einem unendlich weiten, von Sternen übersäten Himmel stehen. Lächelnd, mit beiden Händen auf ihrem Herzen. Sie fühlte sich auf eine noch nie gespürte Weise von der Erde getragen und gleichzeitig vom Himmel in Gefilde erhoben, die wie eine uralte, längst vergessene Heimat wirkten. Die Vögel, die in diesem weiten Himmel ihre Kreise zogen, waren ihr ebenso verwandt wie die Bäume und Gräser, die um sie herum auf der Erde wuchsen. Vom Himmel aus strömten immer neue Ideen in ihre Sinne, die sich als Blüten auf der Erde manifestierten, kaum dass sie sie bemerkt hatte. Und während sie dort stand, aufrecht zwischen Erde und Himmel, tauchten um sie herum einige Menschen auf, die sich ihr neugierig zuwandten. Freundlich kamen sie auf sie zu, und nach und nach wob sich in den schillerndsten Farben ein feines Netz zwischen ihr und ihnen allen.

»Eine so schöne Verbundenheit«, hörte Anni sich selbst flüstern. Überrascht davon erwachte sie aus ihrer Vision.

Leo schaute sie interessiert an.

»Eine so schöne Verbundenheit«, wiederholte Anni. »Und ich habe gar nichts dafür tun müssen. Sie war einfach da.«

»Bist du mit dir, werden dir andere oft noch dazugeschenkt«, sagte Leo zärtlich.

Nachdenklich und auf eine angenehme Weise still ging Anni an diesem Tag wieder den Hügel hinab in ihr gewohntes und doch neu werdendes Leben.

Trau dich, dir Zeiten des
FÜR-DICH-SEINS zu nehmen.
Auch wenn sie dir manchmal
scheinbar aufgezwungen werden,
nutze sie, um zu lernen,
es immer besser mit dir selbst
auszuhalten. Nähre Körper,
Geist und Seele, nähre deine
VERBUNDENHEIT MIT DIR selbst,
mit der Natur, mit Erde und Himmel.
Und freu dich wieder auf andere
Menschen, die **ZUR RICHTIGEN
ZEIT** auf die richtige Weise
neu da sein werden.

FÜHLEN,
FÜHLEN, FÜHLEN

»Du hattest ja so recht«, rief Anni schon von Weitem, als sie Leo auf seinem Hügel erblickte.

»Natürlich hatte ich recht.« Leo grinste bis zu seinen langen Ohren.

»Womit genau denn diesmal?«

Anni schnaufte kurz durch, nachdem sie bei ihm angekommen war. Dann sagte sie, immer noch ziemlich aufgeregt: »Du hattest gesagt, dass man sich nichts vormachen dürfe und dass immer wieder auch Unangenehmes und Unschönes passieren wird, egal, wie gut man sich gerade fühlt.« Sie holte tief Luft. »Nun, du hattest recht. Meine letzten Wochen waren gar nicht schön. Sie waren richtiggehend furchtbar!«

»Jetzt komm erst einmal an«, lud Leo sie mit viel Ruhe in der Stimme ein. »Genieß doch ein bisschen die Sonne, das Rauschen in den Zweigen der Linde und die frische Luft.«

Anni hielt inne. Jetzt erst bemerkte sie die Wärme der Sonnenstrahlen, die offenbar hier auf diesem Hügel zuverlässig waren, ganz anders als unten in der Stadt. Tatsächlich war auch heute alles hell erleuchtet hier oben, während sie zu Hause und auf dem gesamten Weg nur Schatten und Wolken zu sehen bekommen hatte.

Anni atmete bewusst ruhiger und schaute sich um. Das Gras glänzte im frühen Sonnenlicht und die Linde war über und über mit Blüten bedeckt, die unzählige Insekten angelockt hatten. Der ganze Baum schien zu brummen und zu summen.

»Schön ist es hier«, seufzte sie.

»Ja«, meinte Leo versonnen und genoss seinerseits die Stimmung. Nachdem sie eine Weile geschwiegen hatten, fragte er: »Was war denn so furchtbar?«

Anni schien sich einen richtigen Ruck geben zu müssen, um erneut in ihre Erinnerungen an die letzten Wochen einzutauchen. Als sie dann allerdings drin war, gab es kein Halten mehr. Die Worte sprudelten nur so aus ihr hervor. »Ich weiß gar nicht, wo ich anfangen soll. Ich habe mich einfach die meiste Zeit über schlecht gefühlt. Mir erschien alles sinnlos und ich kam mir so kraftlos und unfähig vor. Ich hatte den Eindruck, dass ich nichts auf die Reihe bekomme. Im ganzen Leben nicht – und aktuell schon gar nicht. Alles ging schief. Wirklich so ziemlich alles. Dadurch wurde meine Stimmung immer noch mieser.«

»Was ist denn passiert?«, wollte Leo wissen. Sein Blick war voller Mitgefühl und zugleich wirkte der Esel gewohnt gelassen.

Leos Zwischenfrage half Anni, sich etwas zu sortieren. »Eigentlich begann es damit«, sprach sie weiter, »dass ich mich traurig fühlte. Einfach so. Oder wegen einer Trennung, die mich manchmal noch schmerzt. Um das nicht so heftig zu spüren, habe ich mich mit Caro getroffen. Und was ist passiert? Wir haben uns gestritten wie noch nie. Sie kam mir richtig blöd, hat mich dafür kritisiert, dass ich mich so komisch verändern würde und mit mir gar nichts mehr anzufangen wäre, und ich bin voller Wut nach Hause gegangen. Dort fiel mir auf, dass ich einen wichtigen beruflichen Termin verschwitzt hatte, wofür es am nächsten Tag sicher ordentlich Ärger geben würde. Und so ging das die ganze Zeit weiter. Irgendwann war nur noch aufgewühltes Chaos in mir. Manchmal kam es mir so vor, als würden all die düsteren Stimmungen, die sich in verschiedenen Lebensphasen in mir angesammelt hatten, hervorkriechen und alles Schöne einfach grau verfärben. Trauer, Wut, Angst vor der Zukunft, natürlich auch wieder die Einsamkeit und überhaupt riesige Zweifel an allem. Vor allem an mir selbst.«

Leo hatte aufmerksam zugehört. »Was hast du denn getan, um dir selbst zu helfen?«, fragte er interessiert und meinte es ganz sachlich.

Doch Anni starrte ihn an, als hätte er etwas völlig Unzumutbares oder Unverschämtes gesagt. »Was sollte ich denn tun?«, antwortete sie aufgebracht. »Ich kann doch nichts dafür, dass alles schiefgeht und in mir selbst alles verrücktspielt!«

»Was hast du denn getan, um dir selbst zu helfen?«

Leo blieb weiterhin ruhig. »Ja, in solchen Momenten, in denen alles dramatisch wirkt, können wir oft nichts tun. Aber hast du denn in einem Moment, in dem es nicht ganz so stürmisch war, mal an die Dinge gedacht, die wir miteinander besprochen und auch geübt haben?«

Anni überlegte. Ihr war zum Weinen zumute, als sie sagte: »Diese Dinge, überhaupt unsere Gespräche, waren wie weggeblasen. Ich konnte schon noch daran denken, aber es kam mir alles so albern und lebensfremd vor. Wie ein kindischer Traum von einem guten Leben, das es auf dieser Erde für die meisten und auf jeden Fall für mich einfach nicht geben kann.« Nach einer kurzen Pause gab Anni zu:»Ich war sogar sauer auf dich. Schließlich hatte ich hier bei dir von diesem Traum gekostet. Und dann ist alles wieder zerbrochen. Wozu bekommt man denn einen Geschmack von etwas Gutem, wenn man es dann doch nicht haben kann? Es ist immer das Gleiche! Irgendetwas lockt und verführt mich, mich darauf einzulassen. Und am Ende bleiben nur Scherben und ein Haufen fieser Gefühle, die ich einfach nicht haben will!«

Leo schaute Anni einfach nur mit sanften Augen an.

»Es tut mir leid«, murmelte sie nach einer Weile,»dass ich so herumschimpfe. Vielleicht sollte ich einfach wieder nach Hause gehen.«

»Und dann?«, fragte Leo.

Anni stutzte kurz und sagte:»Dann belästige ich dich wenigstens nicht länger.«

Leo guckte verwundert.»Sehe ich für dich aus wie jemand, der sich gerade belästigt fühlt?«

Diese Frage schien Anni aus ihrem Kopfkino herauszureißen und ermöglichte es ihr, wieder ganz in der gegenwärtigen Situation zu landen. Sie blickte Leo, so wie er vor ihr stand, jetzt wirklich an. Was sie sah, war ein Esel mit plüschigen Ohren und warmen, braunen Augen, die sie herzlich und offen anschauten. Der Blick in diese Augen brachte Anni etwas von dem Vertrauen zurück, das sie bereits in Leo und ihr Beisammensein gewonnen hatte.

»Danke«, sagte sie leise. Etwas in ihr hatte sich ein wenig entspannt.

»Was ist denn im Moment in dir aktiv?« Leo fragte so, dass sich Anni nicht gedrängt fühlte, sondern froh darüber war, dass es jemanden interessierte, wie es ihr ging. Jemanden, der so wirkte, als könne er mit ein paar inneren und äußeren Stürmen umgehen.

»Da ist Durcheinander«, sagte sie.

»Wie zeigt sich das? Was sind die einzelnen Elemente des Durcheinanders?«

Anni schloss die Augen, um sich nach innen zu wenden, und öffnete sie gleich wieder. »Ich weiß nicht, ob ich das aussprechen möchte.«

»Hm«, machte Leo. »Das weiß ich auch nicht. Ich weiß nur: Du musst nichts aussprechen. Und wenn du es möchtest, dann tust du es für dich.« Eindringlich ergänzte er: »Es geht um dich!«

»Okay«, sagte Anni langsam, »das Durcheinander hat drei Zutaten. Mindestens. Eine ist so ein unangenehmes Gefühl, Peinlichkeit, eine Art Schamgefühl. Das zweite ist der Drang, einfach wegzulaufen. Und das dritte ...« Sie stockte.

Leo wartete ruhig, bis es aus Anni herausplatzte: »Das dritte ist Wut, verdammt noch mal!«

»Gut«, kommentierte Leo sachlich. »Du kannst offenbar sehr klar wahrnehmen, was in dir ist.«

»Ich will aber nicht, dass so etwas in mir ist. Und ich will auch nicht, dass es jemand merkt.« Anni, die bei diesen Worten den Blick gesenkt hatte, schaute nun zu Leo. »Und wenn es nur ein Esel ist!« Sie fing an zu lachen, als wäre eine Last von ihr abgefallen. Ihr war plötzlich aufgefallen, dass sie sich gar nicht so trotzig benehmen musste.

Leo lächelte sie an. »Ja, selbst vor einem Esel will man nicht dumm dastehen, oder?« Anni lachte weiter, zusätzlich erleichtert darüber, dass Leo ihr diesen kleinen Scherz nicht übel nahm.

Er sprach schließlich weiter: »Aber mal ernsthaft, warum sollte man denn dumm dastehen, wenn man etwas fühlt?«

»Ich bin wütend!«, rief Anni, als wäre das eine alles erklärende Antwort auf diese Frage. Da Leo sich nicht rührte, ergänzte sie: »Wut ist nicht gerade etwas Freundliches.«

»Ist das wahr?« Leo wartete einen Moment und sagte dann: »Für mich ist Wut ein Gefühl, das dann und wann auftaucht. Es hat seine Funktion. Nach meiner Beobachtung taucht es immer dann auf, wenn wir uns in irgendeiner Weise bedroht fühlen. Es will uns also offenbar schützen. Und ist das nicht freundlich? Freundlich uns selbst gegenüber?«

In Anni kämpfte es. Irgendwie war da bestimmt etwas Wahres dran. Aber sie wollte nicht darüber nachdenken, sie wollte diese blöde Wut nicht haben und auch nicht in möglichen Gründen für diese Wut herumstochern.

Leo spürte ihren inneren Kampf. Er gab dem Gespräch eine neue Wendung, indem er fragte: »Was macht man denn bestenfalls mit Gefühlen? Was, denkst du, wollen die Gefühle, dass wir mit ihnen machen?«

Anni nahm dieses etwas neutralere Thema dankend auf, dachte kurz nach und sagte dann, immer noch etwas bissig: »Dass wir sie irgendwie aushalten?«

»Also«, begann Leo schmunzelnd, »mit dieser Auffassung wäre mein Leben ziemlich unangenehm. Ständig irgendwas aushalten müssen, ich weiß nicht. Was meinst du?«

»Na gut«, versuchte es Anni neu. »Ich könnte mir gut vorstellen, dass Gefühle dazu da sind, uns etwas klarzumachen, damit wir die richtigen Entscheidungen treffen. Wenn ich zum Beispiel immer wieder wütend auf jemanden bin, soll mich das vielleicht auffordern, mich nicht mehr mit ihm zu treffen.«

»Könnte sein«, überlegte Leo und grinste. »Wahrscheinlich wird es dann mit der Zeit ziemlich still und einsam.«

Anni lachte auf. »Oje, das stimmt. Wenn man sich von jedem verabschiedet, auf den man ab und zu wütend ist, dann bleiben nicht allzu viele übrig. Also, was meinst du nun? Was soll man mit Gefühlen machen?«

Leo freute sich, dass wieder etwas mehr Leichtigkeit in ihr Gespräch gekommen war, und konnte sich einen Scherz seinerseits nicht verkneifen: »Soll ich dir eine Eselsbrücke bauen?« Er warf den Kopf zurück, zeigte seine kräftigen Zähne und lachte sein lautes »Iiiieeh-Aah«-Lachen.

Anni war nach wie vor ein wenig überfordert von diesem grellen Geräusch, aber stimmte bald ins Lachen ein.

Nach einer Weile wurde Leo still und erzeugte wieder diese Stimmung, in der Anni jeden Moment erwartete, dass er den Zeigefinger heben würde, weil er etwas besonders Wichtiges zu sagen hätte. Und da kam es auch schon: »Gefühle sind dazu da, dass wir sie fühlen.«

»Was?« Anni musste schon wieder lachen.

»Ja«, grinste Leo, »die Wahrheit ist oft ganz simpel. Gefühle wollen gefühlt werden.«

»Gefühle wollen gefühlt werden.«

»Mehr nicht?« Anni konnte es nicht glauben.

»Was denn noch?«, fragte Leo amüsiert. »Es sind Ge-Fühle. Es sind keine Ge-Danken, Ge-Handlungen oder Ge-Ärgernisse. Es sind Gefühle.«

Anni versuchte sich an diese Vorstellung zu gewöhnen. »Aber was hat man denn davon, dass man sie fühlt?«

»Gute Frage«, erwiderte Leo. »Zunächst einmal sind sie einfach da, und deshalb scheint es mir sinnvoll, das zu unternehmen, was ihnen angemessen ist. Natürlich können wir auch über sie nachdenken oder versuchen, sie wegzudrücken. Bekanntermaßen bringt das aber nicht viel. Es ist einfach nicht das, was ihnen entspricht. Wenn wir sie hingegen fühlen, dann ist das etwas ganz Natürliches.«

Anni experimentierte innerlich mit dieser Sicht der Dinge. »Bei Freude oder Mut oder Liebe verstehe ich das. Die zu fühlen ist ja auch leicht und schön.«

»Und warum ist es leicht und schön, Freude oder Mut zu fühlen?«

»Na, weil es so positiv ist, so angenehm.« Anni konnte den Schwung dieser Gefühle richtig in sich spüren. »Es sind gute Energien, die mich wach und lebendig machen.«

»Und bei Wut oder Trauer? Was ist da anders?« Leo fragte gern genau nach.

»Bei Trauer ist irgendetwas Schlimmes passiert. Sie hat einen Grund, der schwer zu ertragen ist. Bei Wut«, Anni schloss die Augen, um diesem Gefühl in sich nachzugehen, »bekommt man schon auch viel Energie und Lebendigkeit. Aber irgendwie böse. Aggressiv. Wut ist auch nicht gern gesehen.«

»Immer ist Energie im Spiel, oder? Sie hat nur jeweils eine andere Qualität. Eine andere Stimmung oder Färbung.« Leo trabte einmal im Kreis und kam wieder zu Anni zurück. Er hatte sich dabei offenbar auf eine Art Zusammenfassung seiner Gedanken vorbereitet: »Ich würde sagen, alle Emotionen und Gefühle gehören zum Leben und zu uns. Aber wir bewerten sie unterschiedlich und finden manche einfach schlecht. Dann wollen wir sie nicht fühlen und am besten gar nichts mit ihnen zu tun haben. Da sie aber einen Grund und eine Funktion haben, lassen sie sich nicht einfach abschütteln, sondern kommen immer wieder.«

»Das klingt irgendwie nach einer Jagd, bei der ich die Gejagte bin. Ich fliehe vor diesen Gefühlen und sie rennen mir immer weiter hinterher.« Anni schüttelte sich. »Ja, genau so fühlt sich das oft an.«

»Nicht so schön, oder?« Leo verstand genau, was Anni meinte. »Und auch nicht sehr sinnvoll.«

»Aber machen das nicht alle Menschen so?«

Leo schaute zum Horizont und schien wieder in seinen Erinnerungen zu kramen. Schließlich sagte er:»In meiner Familie leben seit Jahrhunderten viele, viele Esel in unterschiedlichen Ländern bei Menschen, die dem Buddhismus angehören. Einige davon wohnen und arbeiten auch in buddhistischen Klöstern bei Mönchen oder Nonnen. Wenn dort meditiert wird – und das passiert viele Stunden am Tag –, dann sitzt man nicht einfach nur herum und versucht, den Körper stillzuhalten. Es ist eine intensive innere Arbeit, bei der es um Gedanken, aber auch um Gefühle geht. Denn natürlich tauchen in dieser Zeit ohne äußere Bewegung und Ablenkung innerlich jede Menge Gefühle auf.«

»Stimmt«, staunte Anni.»Es wird meistens über die Gedanken gesprochen und dass Meditationsprofis keine mehr haben oder sie zumindest kontrollieren oder so etwas. Aber natürlich müssen sie auch mit ihren Gefühlen zurechtkommen. Wie machen sie das?«

Leo schüttelte den Kopf.»Es geht bei der Meditation nicht darum, keine Gedanken mehr zu haben oder sie zu kontrollieren, sondern es zu bemerken, wenn man welche hat. Aber das ist jetzt nicht unser Thema. Die Gefühle, die auch vor einem meditierenden Menschen (oder Esel) nicht haltmachen, werden letztlich genauso behandelt wie die Gedanken: Sie werden wahrgenommen. Man bemerkt, dass sie da sind. Man fühlt sie. Manchmal benennt man sie: Aha, da ist Wut. Aha, da ist Freude. Hm, da ist Genervtheit.«

»Das klingt leicht«, meinte Anni.»Zumindest theoretisch«, ergänzte sie dann schnell, weil sie sich genau in dem Moment an ihre ersten Meditationserfahrungen erinnerte, an die sie sich vor ein paar Wochen herangetraut hatte. So leicht war es dann nämlich doch nicht. Sie hatte sich regelrecht überschwemmt gefühlt von Gedanken und Emotionen.

»Es ist leicht und es ist schwer«, stellte Leo fest. »Es gibt eine klare Aufgabe: sich hinsetzen und beobachten, was auftaucht. Es wahrnehmen und weiterziehen lassen. Das macht es leicht. Aber es ist schwer, weil vor allem ihr Menschen das überhaupt nicht gewohnt seid. Ihr verstrickt euch in das, was in euch auftaucht, identifiziert euch damit, habt keinen Abstand dazu – und schon galoppiert euer Geist mit euch irgendwohin, ein ganzes Knäuel an Gefühlen hervorrufend, die dann wieder irgendetwas in euch auslösen.«

Anni konnte sich in dem, was Leo beschrieben hatte, absolut wiederfinden. Aber sie konnte auch den Lichtschimmer am Horizont in Leos Worten erkennen. »Was machen denn die Mönche und Nonnen anders?«

»Bei denen ist das ganz genauso«, sagte Leo trocken.

»Wirklich? Das glaube ich nicht.« Anni schüttelte den Kopf.

»Warum nicht?«, fragte Leo, der schon wieder recht amüsiert wirkte.

Anni überlegte, woher ihre spontane Antwort gekommen war. »Weil das Meditieren dann ja überhaupt keinen Sinn hätte. Wozu meditiert man jahrelang, wenn man dann immer noch einen so chaotischen und wilden Kopf und Bauch hätte wie ich zum Beispiel?«

»Schöne Antwort«, sagte Leo zufrieden. »Ich bleibe trotzdem dabei, dass es bei den buddhistischen Profis genauso ist. Aber«, jetzt war wieder sein imaginärer Zeigefinger zu spüren, »sie haben gelernt, damit umzugehen. Sie haben gelernt, alles Auftauchende als Phänomen zu betrachten und den Geist als den Raum, in dem dieses Phänomen erscheint und aus dem es wieder verschwindet.«

»Das klingt sehr viel geordneter.« Anni konnte richtig spüren, dass ein solch geübter Geist viel mehr Klarheit und Ruhe ausstrahlt.

»Ja, das ist es. Mit der Zeit lichtet sich das Chaos der auftauchenden Phänomene und es kommt tatsächlich zu einer immer größeren inneren Ruhe. Meine Verwandten aus diesen Kulturen sind wirklich sehr angenehm und ausgeglichen.«

»Meditieren sie denn mit?« Anni erheiterte die Vorstellung, wie ein Esel auf einem Meditationskissen Platz zu nehmen versucht.

»Das bleibt nicht aus«, antwortete Leo. »Im ganzen Kloster herrscht eine besondere Stimmung, die jedes Wesen in diese geklärte Ruhe und freudige Gelassenheit hineinzieht.«

Bei diesen Worten zog es Annis und Leos Blicke gleichermaßen zu den kleinen Wölkchen am weit entfernten Himmel, die der Wind vor sich her blies. Beide schwiegen und es war, als wäre die heitere und kraftvolle Klarheit eines buddhistischen Klosters auch auf ihrem kleinen Hügel angekommen. Mensch und Esel in tiefem Frieden. Ihr Atem, der Wind, die Weite der Welt und die im Inneren – alles schien eins zu sein.

Nach einer Zeit der Stille fragte Anni: »Sind die Buddhisten denn die Einzigen, die es verstehen, mit all den inneren Erscheinungen wie eben den Gefühlen gut umzugehen?«

»Nein, nein«, betonte Leo. »Die verschiedenen spirituellen Traditionen haben unterschiedliche Wege dafür gefunden. Ich hatte dir ja zum Beispiel schon von meinem Ur-Ur-Ur-Ur-Urgroßonkel erzählt, der vor langer Zeit bei einem berühmten persischen Dichter gelebt hat. Dieser Dichter namens Rumi hat die Gefühle auf eine ganz besondere Weise beschrieben, die aber auch der Buddhismus ganz schön und richtig finden dürfte. Er hat gesagt, dass Gefühle wie Gäste sind, und wir sind das Gasthaus. Wir tun gut daran, alle Gefühle, die bei uns auftauchen, willkommen zu heißen. Zweifellos benehmen sich einige auf eine angenehmere Weise als andere, manche sind sogar ziemlich rüpelhaft – aber sie sind nun einmal unsere Gäste. Und sie alle werden über kurz oder lang wieder gehen. Ganz von selbst.«

»Wir tun gut daran, alle Gefühle, die bei uns auftauchen, willkommen zu heißen.«

»Ich als Gasthaus für meine Gefühle«, Anni dachte laut, »das ist ja mal eine schöne Idee. So würde ich mich gern erleben. Es klingt irgendwie weit und großzügig. Nach viel Platz für alles, was da kommen mag.«

»Ja«, sagte Leo mit geschlossenen Augen, »ich stelle mir gern eine Welt vor, in der wir alle diese Weite und Großzügigkeit kultivieren. Ein schöner Ort. Beginnen kann ich natürlich nur bei mir selbst.«

»Das stimmt wohl«, sagte Anni leise, als wolle sie Leos Traum nicht stören. »Mit meinen Gefühlen muss ich selbst lernen umzugehen. Und du mit deinen. Sie sind ja nun wirklich nicht alle angenehm.«

»Pah«, machte Leo, »dann wäre es ja einfach. Oder besser gesagt: Dann bräuchten wir auch gar nicht daran zu arbeiten. Dann würden die Buddhisten in den Klöstern wahrscheinlich irgendetwas anderes tun.«

»Vielleicht gäbe es dann gar keine Klöster, gar keinen Buddhismus«, philosophierte Anni.

»Mag sein«, meinte Leo nachdenklich und schüttelte seine Mähne. Immer wieder gefiel es Anni zuzuschauen, wie seine langen Ohren etwas zeitverzögert mitwackelten, wenn er den Kopf bewegte.

»Da die Gefühle aber nun mal wirklich unschön sein können, erklär mir doch bitte, wie man damit ganz praktisch umgehen kann.«

»Wollen wir es gleich mal praktizieren?«, fragte Leo einladend.

Anni wich spontan ein Stück zurück. »Ich bin aber weder Buddhistin noch Sufi«, wehrte sie ab.

»Das brauchst du auch nicht zu sein«, gab Leo Entwarnung. »Du bist ein Mensch und als Mensch hast du Gefühle. Und du hast auch das Werkzeug, mit ihnen umzugehen. Aber wie die Antennen zum Feineren

GEFÜHLE wollen gefühlt werden.
Wahrgenommen, erlebt,
durchlebt. Als Teil dessen,
was gerade ist, was dein LEBEN
IM MOMENT ausmacht.
Sie tauchen auf, schwellen vielleicht
an und verschwinden von selbst
wieder. Du darfst sie dabei
FÜHLEN. Du darfst sie beherbergen
wie ein Gasthaus seine Gäste.
FREUNDLICH, herzlich, dankbar
für ihren Besuch. Sie verabschieden
sich NACH EINIGER ZEIT
von selbst. Was entsteht,
vergeht wieder.

ist dieses Werkzeug bei den meisten von euch etwas eingerostet. Oder irgendwo in einer Ecke im Keller verräumt und vergessen worden.«

»Also gut, probieren wir es.« Anni atmete tief ein und mit einem Schnaufgeräusch kräftig wieder aus. »Ich bin richtig aufgeregt. Als müsste ich vom Fünfmeterbrett springen oder so etwas.«

Leo schmunzelte. »In gewisser Weise musst du das auch, wenn du dich auf deine Gefühle einlässt. Sobald du abgesprungen bist, schwebst du eine Weile in der Luft, losgelöst von dem, was dir vorher Halt gegeben hat. Wie die Landung wird, weißt du noch nicht.«

»Na, du machst mir Mut!« Anni lachte, ihr war aber doch etwas mulmig zumute.

»Welches Gefühl ist gerade da?«, fragte Leo ebenso ernsthaft wie sanft. Er wollte für Annis tieferes Verständnis gleich nutzen, was offenbar gerade in ihr aufgetaucht war.

»Wenn ich ehrlich bin …«, begann Anni.

»Ehrlich solltest du immer sein«, unterbrach Leo. »Sonst hat es keinen Wert. Ehrlich vor allem dir selbst gegenüber.«

Anni ließ sich von seiner konzentrierten Ernsthaftigkeit anstecken. »Natürlich«, sagte sie nur und schloss die Augen. »Es ist ein bisschen Angst da. Ich weiß ja nicht, was jetzt kommt. Vielleicht blamiere ich mich oder es taucht irgendetwas richtig Doofes auf in mir. So eine Angst ist das, weißt du?« Sie blickte ihn an.

»Schließ gern wieder die Augen, wenn das für dich passt.« Leo sprach sehr fürsorglich. »Kannst du diese Angst spüren?«

Anni ließ die Augen wieder zufallen und versuchte, ganz bei dieser Angst zu sein. Sie merkte, wie sie ihr ein Stückchen näherkam … und dann wieder zurückwich. Wie sie auf den Gast zuging … und dann doch lieber wieder in der Küche verschwand. Wie sie sich ins Fühlen hineintastete … und dann doch lieber wieder in die Gedankenwelt floh und irgendetwas dachte.

»Trau dich, hinzuschauen«, ermutigte sie Leo. »Du bist das Gasthaus und diese Angst ist gerade bei dir zu Gast. Schau sie dir an. Fühle sie. Da ist sie sowieso.«

»Es ist ja keine große Angst, aber …« Anni stockte. Sie atmete ein paarmal durch, konnte aber nur sehr wenig Luft in ihren eng gewordenen Brustraum ziehen. »Sie drückt auf mein Herz. Sie bedroht mich, als würde sie mich würgen.«

»Ja«, sagte Leo nur und Anni spürte sein Mitgefühl wie einen warmen Sonnenstrahl. »Du bist das Gasthaus«, sprach er leise. »Es darf ein großes Gasthaus sein, mit hellen Räumen und freundlichem Personal.«

»Du bist das Gasthaus. Es darf ein großes Gasthaus sein, mit hellen Räumen und freundlichem Personal.«

Anni nahm spontan einen tiefen Atemzug. »Ja genau«, flüsterte sie und hielt die Augen weiterhin geschlossen. Leo beobachtete, wie sich ihre Gesichtszüge entspannten, wie ihre Schultern weich nach unten sanken und sich allmählich ein Lächeln um ihren Mund legte, während leise ein paar Tränen über ihre Wangen liefen.

Er ließ ihr Zeit. Als Anni die Augen schließlich wieder öffnete und ihn erstaunt ansah, fragte er sanft: »Was hast du erlebt?«

Anni brauchte noch einen Moment, um sich zu sortieren. Dann begann sie zu erzählen: »Am Anfang fand ich es sehr schwierig. Bevor ich hingespürt habe, war die Angst eigentlich nicht der Rede wert. Ich hätte sie locker übergehen können. Wahrscheinlich tue ich das im Alltag auch immer ganz geschickt. Aber dann, als ich mich ihr zuwandte, wurde sie plötzlich bedrohlich. Eine ganze Welt von Geschichten und Gedanken hing an ihr dran wie eine dunkle Wolke und zerrte mich in ihren Sog. Es wurde ganz eng in meinem Hals und ich hatte Angst.« Sie schmunzelte.»Ja, ich bekam Angst vor der Angst ... Erst als du gesagt hast, dass ich ein weites, helles Gasthaus sein darf, wurde es leichter. Ich fühlte mich nicht mehr auf engstem Raum mit dieser Bedrohung eingesperrt, sondern da war plötzlich viel Platz und die Angst nahm als Gast nicht mehr so viel Raum ein. Es klingt sicher komisch, aber ich fühlte mich nicht mehr so allein mit dieser Angst. Als wäre da wirklich Personal.«

Leo hatte Anni die ganze Zeit aufmerksam zugehört. Noch immer wirkte sie erstaunt, als sie weitersprach:»Der Körper war plötzlich weicher und ich konnte wieder tiefer atmen. Die Angst war wie ein Wesen, wie ein Energiefeld in mir, ein Etwas, das ich beobachten konnte. Aber nicht so kühl, ich bemerkte viel Mitgefühl mit mir selbst und meiner Angst.« Anni vergegenwärtigte sich ihr Erleben neu.»Ein Mensch mit Angst. Das war es, was ich wahrnahm. Da war gar kein Problem, es hatte sogar eine Schönheit. Ich war direkt dankbar für dieses Fühlen ... Und dann war die Angst weg. Als hätte sie sich aufgelöst.«

Anni blickte Leo direkt an und in ihren Augen lag Dankbarkeit. Er erwiderte ihren Blick mit dieser unnachahmlichen Wärme, die seine Augen ausstrahlen konnten. Beide schwiegen, während Anni in sich nachklingen ließ, was passiert war. Eine große Weite war in ihr entstanden. Ein strahlender Himmel, den ein paar Wölkchen an diesem Tag erst vollständig machten.

»Fühlen ist wunderschön«, rief Anni plötzlich.»Aber auch ziemlich anstrengend.« Sie bemerkte erst jetzt eine gewisse Erschöpfung.

»Zeit, den Körper ein bisschen zu bewegen«, meinte Leo und hatte sich schon auf den Boden geworfen, um sich von einer Seite auf die andere zu wälzen. Diesmal gab Anni dem Impuls nach, sich ebenfalls ins weiche Gras niederzulassen, sich ein wenig zu dehnen und zu strecken und dann einfach mit geschlossenen Augen liegen zu bleiben. Leo schwang sich auf eine Seite, richtete sich halb sitzend auf und so setzten beide ihre Unterhaltung gemütlich am Boden fort.

»Ich freue mich darauf«, plauderte Anni, »meine Gefühle wirklich zu fühlen, wenn sie mich besuchen kommen.«

»Als freundliche Gastwirtin wirst du erstaunliche Erfahrungen machen«, prophezeite Leo.

»Diese Art, Gefühle einfach zu fühlen, funktioniert das denn immer?«, fragte Anni, während sie sich auf die Seite drehte und den Kopf auf die Hand stützte, um Leo besser ansehen zu können.

»Nichts funktioniert immer.« Der Esel schüttelte energisch den Kopf, sodass seine Ohren vehement mitwackelten. »Dazu ist das Leben zu vielfältig. Und unsere äußeren Umstände und inneren Zustände auch. Grundsätzlich ist es natürlich immer so, dass Gefühle einfach gefühlt werden wollen und dass wir tatsächlich nichts anderes tun müssen, als ihre Gastgeber zu sein. Aber wir sollten nicht vergessen, dass es Menschen – und nebenbei gesagt auch Esel – gibt, die so schwer traumatisiert sind, dass sie mehr Unterstützung brauchen, um sich wieder an ihre Gefühle heranwagen zu können. Sie können ihnen allein häufig noch nicht standhalten. Und auch diejenigen, die mit ihren Gefühlen grundsätzlich sehr gut klarkommen, können in manchen Lebensphasen dennoch an ihre Grenzen stoßen.« Leos Stimme wurde eindringlicher: »Nichts funktioniert immer auf die gleiche Weise. Das Leben auf der Erde ist und bleibt ein großes Erfahrungs- und Übungsfeld. Wir werden immer wieder in etwas Neues hineingeführt. Und wenn du glaubst, du weißt Bescheid, dann kommt bestimmt bald die nächste Überraschung.«

Anni nickte. Diese Erfahrung hatte sie auch schon häufig gemacht. Im Moment genoss sie es, hier auf der Wiese zu liegen, die Wärme der Sonne zu spüren und Leo mit seinen Plüschohren und seinen braunen Augen neben sich zu betrachten. Allein das war bereits eine große Überraschung, die vor Kurzem noch nicht in ihren Horizont gepasst hätte.

»Weißt du«, begann sie, weil ihr eine Idee durch den Kopf geschossen war, »wenn wir die Gefühle als Gäste in unserem Gasthaus betrachten und einfach fühlen, dann müssen wir doch viel weniger kämpfen und eigentlich insgesamt viel weniger tun. Wir fühlen einfach, oder?«

Leo überlegte und meinte dann: »Das stimmt in gewisser Weise. Vor allem brauchst du nicht mehr gegen deine Gefühle anzukämpfen und du musst nicht mehr all das tun, was du bisher nur getan hast, um bestimmte Gefühle nicht erleben zu müssen.« Er machte eine Pause, um sicherzugehen, dass Anni ihm folgen konnte. Dann fuhr er fort: »Auf der anderen Seite sollte man natürlich schon praktisch bleiben. Du musst nicht jahrelang jede Nacht wieder die gleiche Angst davor fühlen, dass jemand in dein Haus oder in deine Wohnung eindringen könnte. Du kannst auch einfach die Tür abschließen und dann ruhiger schlafen.«

Anni seufzte wie befreit. »Ich verstehe, was du meinst. Ich darf das Übungsfeld also schon so abstecken, wie es für mich passt, und weiterhin ganz praktisch meinen Alltag leben.«

»Ja, selbstverständlich«, betonte Leo. »Das darfst du und das solltest du auch. Wenn du immer wieder auf jemanden wütend bist, wie wir das vorhin besprochen haben, dann kannst du diese Wut erleben. Immer wieder neu. Du kannst dich aber auch entscheiden, mit diesem Menschen zu klären, was geklärt werden will. Du kannst strikt Grenzen ziehen. Und wenn das alles nichts hilft, kannst du auch beschließen, keine Zeit mehr mit ihm zu verbringen, und Adieu sagen. Das Schöne ist: Während du deine Wut in deinem Gasthaus begrüßt und dich ihr wirklich zuwendest, wirst du merken, was das Richtige ist. Denn Gäste erzählen den Wirtsleuten gern auch ihre Geschichten.«

»Ja«, rief Anni erfreut, »bei meiner Angst vorhin habe ich das ein bisschen gespürt. Wenn sie wieder einmal auftaucht, kann ich ihr vielleicht noch etwas besser zuhören.«

Sie schaute sich um, als würde ihr in diesem Moment etwas auffallen: »Apropos Tür abschließen, warum hast du eigentlich keinen Zaun, kein Gehege oder so etwas und stehst hier frei auf der Wiese?«

Leo grinste: »Ich habe meinen Wunsch nach Freiraum nicht einfach nur ständig neu gefühlt, sondern auch praktisch umgesetzt, indem ich jeden Zaun überwunden habe, den sie mir hingestellt haben.« Er drehte den Kopf in Richtung eines kleinen Gehöfts etwa dreihundert Meter entfernt, das Anni bisher gar nicht aufgefallen war. »Dort ist mein Stall, in den ich nachts sehr gern und freiwillig gehe. Im Haus daneben wohnt die Familie, zu der ich heute gehöre. Sie haben irgendwann aufgehört, mir Gehege zu bauen. Sie sind wirklich nett.«

»Und du läufst nie weg?«

»Ich mache schon meine Wanderungen«, sagte Leo ein wenig verträumt und verschmitzt zugleich. »Aber ich bin genau hier am richtigen Ort. Auf diesem Hügel, bei der Linde und bei den Menschen, die gelegentlich vorbeikommen. Das hier ist mein Himmel auf Erden.«

WISSEN, WER DA SPRICHT

Als Anni das nächste Mal auf den Hügel kam, durfte sie sich erneut an den wärmenden Sonnenstrahlen erfreuen, die dieses Stückchen Erde hell beschienen. Auch an ihrem Wohnort hatte es natürlich in den letzten Wochen den einen oder anderen sonnigen Tag gegeben, doch der Platz hier oben hatte offenbar hohe Schwingungen und gute Stimmung abonniert.

»Ist hier eigentlich immer schönes Wetter?«, rief sie Leo zu, der ihr schon eine ganze Zeit lang entgegengesehen hatte.

»Ja, hier ist es immer schön«, antwortete er. »Gestern zum Beispiel hat es geregnet, das hat vor allem die Linde gefreut. Heute scheint wieder die Sonne.«

Anni stockte kurz und sagte dann: »Ach, Leo, du bist immer wieder für eine Überraschung gut.« Sie lief die letzten Schritte auf ihn zu und grüßte fröhlich: »Einen wunderschönen guten Morgen.«

Leo streckte genüsslich die Vorderbeine nach vorn und reckte das Hinterteil in die Höhe. »Einen wunderschönen guten Morgen«, sagte er dabei. »Es freut mich, dich so aufgeräumt zu sehen. Geht es dir gut?«

»Ich weiß nicht recht«, antwortete Anni. »Aufgeräumt fühle ich mich gar nicht, eher aufgedreht.«

»Dann pass bloß auf«, sagte Leo mit einem erschrockenen Blick, »wenn du plötzlich aufs Eis tanzen gehst!« Er behielt seinen alarmierten Gesichtsausdruck noch eine Weile bei und fing dann plötzlich laut an zu lachen. Zwischen den einzelnen seiner heiseren »Iiiieeh-Aah«-Lachrufe stieß er hervor: »Du weißt schon ... dieser Spruch ... Wenn es dem Esel zu wohl ist ...«

»Na, aufgeräumt scheinst ja vor allem du zu sein«, schmunzelte Anni. Sie merkte erst jetzt so richtig, wie sehr sie sich auf diesen verrückten weisen Vierbeiner gefreut hatte. Sie streckte die Hand aus, um Leo die weiche Stirn zu kraulen. Sein Lachen ging in ein versonnenes Lächeln über und er schloss die Augen, um die Streicheleinheiten voll und ganz zu genießen. Auch er freute sich, dass Anni wieder hier war.

»An dem Spruch«, sprach sie nach einer Weile weiter, »ist aber tatsächlich etwas dran.«

»Das ist bei den meisten dieser alten Sprüche so. Achte mal darauf«, murmelte Leo. »Ich möchte dich aber eigentlich nicht unterbrechen. Woran hast du gedacht, als du ihn gehört hast?«

Anni rekapitulierte innerlich kurz die letzten Wochen. Dann begann sie: »Na, es ist wirklich ein bisschen so, dass ich Unsinn mache, wenn es mir gut geht. Wenn es mir zu gut geht.«

»Kann es einem denn zu gut gehen? Ist das möglich?« Leo schaute Anni mit einem schelmischen Blick an.

Sie überlegte. »Ich denke schon. Sonst würde man nicht übermütig werden. Mir ging es nach meinem letzten Besuch hier bei dir sehr gut. Dieser neue Umgang mit meinen Gefühlen hat zwar einiges aufgewirbelt, aber ich war wirklich guter Dinge. Es hat mich beflügelt, dass ich von dir ein so gutes Werkzeug an die Hand bekommen habe: die Gefühle einfach fühlen und selbst das Gasthaus sein, in dem sie die Gäste sind. Das ist so einfach und es hat sehr gut funktioniert. Wenn mich etwas geärgert hat, konnte ich den Ärger spüren – und es war gar nicht mehr schlimm. Kleine Enttäuschungen oder die Traurigkeit darüber, dass ich zum Beispiel zu einer Feier nicht gehen konnte, weil es terminlich nicht passte, konnte ich fühlen – und es war in Ordnung. Sogar die manchmal wieder auftauchende Trauer über Verluste der letzten Zeit und eine noch nicht ganz verarbeitete Trennung konnte ich in gewisser Weise willkommen heißen. Es war sogar schön, weil ich damit so sehr bei mir war. Bei mir selbst.«

»Das klingt doch gut«, stellte Leo fest.

»Kann es einem denn zu gut gehen? Ist das möglich?«

»Ja, aber dann mache ich immer irgendetwas falsch«, klagte Anni. »Ich kann einfach nicht dabei bleiben, dass es mir gut geht. Ich glaube, das war schon immer so. Ich bin irgendwie unfähig dazu. Kaum klappt es ein bisschen, vermassle ich es wieder.« Anni kam richtig in Fahrt mit ihrem Unmut. »Ich habe von dir schon so schöne Geschenke bekommen, so viel Weisheit und auch Praktisches, und trotzdem bin ich offenbar zu blöd dafür, es in mein Leben zu integrieren. Es ist, als würdest du Perlen vor die Säue werfen …«

»Wer spricht da?«, fragte Leo plötzlich.

»Was meinst du?« Irritiert stoppte Anni ihren Redefluss.

»Wer spricht da?«, wiederholte Leo. »Wer hat da eben gesprochen?«

»Na, ich. Ich rede mit dir. Ich erzähle dir etwas. Oder was meinst du?«

»Bist das wirklich du?«, fragte Leo in dieser freundlichen Weise, auf die sich Anni gut einlassen konnte, weil sie spürte, dass er ihr etwas klarmachen wollte. »Bist das wirklich du, die mit sich selbst so streng ins Gericht geht? Die über sich selbst sagt, dass sie zu blöd sei, etwas umzusetzen, was sie erfahren hat?«

Anni erschrak über seine klaren Worte und fühlte sich augenblicklich sehr traurig. Ihre Aussagen über sich selbst waren wirklich nicht freundlich gewesen. »Was soll ich denn machen, wenn ich es nicht kann?«, sagte sie weinerlich, wechselte aber unwillkürlich gleich wieder in die strengere Gangart: »Ich müsste mich einfach viel mehr anstrengen und wirklich dranbleiben mit all dem, was ich von dir lerne. Sonst werde ich nie erreichen, was ich mir wünsche, nämlich mehr Licht und Freude im Leben zu haben. Du gibst dir so viel Mühe mit mir, aber ich bekomme es nicht hin.«

»Was ich da höre«, sagte Leo unbeeindruckt, »klingt für mich nicht nach Anni.«

»Sondern?«, fragte sie erstaunt. »Nach wem denn sonst?«

»Nach einem kleinen, mürrischen, überkritischen und dich ständig antreibenden Persönchen mitten in deinem Kopf.«

Anni musste spontan lachen. »Das könnte wirklich wahr sein! Puh«, machte sie erleichtert. »Es ist tatsächlich manchmal so, als würde jemand in meinem Kopf herumschimpfen. Ein kleines, miesepetriges Männchen. Oder Frauchen. Es fühlt sich nämlich gar nicht gut an, wenn ich so rede. Aber es sprudelt einfach aus mir hervor. Und irgendwie erscheint es mir dann auch richtig. «

»Gut, dass du bemerkst, dass da jemand – ein Jemand – in deinem Kopf herumschimpft. Dass du merkst, dass diese Stimme nicht du bist.«

»Na ja«, wandte Anni zögerlich ein, »bisher habe ich schon gedacht, dass ich das bin und dass ich eben oftmals solche selbstkritischen Gedanken habe. Und irgendwie sind sie doch auch wahr. Ich habe es in den letzten Wochen – wieder einmal – nicht gut hinbekommen.«

»Ist das wahr?« Leo schaute ihr in die Augen. »Oder war das wieder die Stimme deines inneren Kritikers? So nennt man nämlich in der Psychologie diese Stimme, die da in deinem Kopf redet.«

»Es gibt sogar ein psychologisches Wort dafür?« Anni staunte erneut. »Dann habe nicht nur ich so etwas? Wenn man der Sache einen Namen gegeben hat, dann muss es ja auch anderen so gehen. Oder?«

»Ja, natürlich«, betonte Leo. »Hör den Menschen doch mal zu. So viele reden kritisch über sich selbst, machen sich runter, lassen kein gutes Haar an sich und treiben sich unnachgiebig zu irgendetwas an, das sie für erstrebenswert halten. Das ist alles das Werk des inneren Kritikers.«

»Jetzt, wo du das sagst, fällt es mir auch auf. Sehr viele Menschen sind so streng mit sich selbst, dass es mir richtig wehtut. Bei meiner Freundin Caro habe ich das zum Beispiel oft bemerkt. Sie fertigt manchmal wunderschöne filigrane Stickereien an, sagt dann aber mit einem abfälligen Tonfall, das sei nur altmodischer Kram, der eh niemanden interessiert.« Anni sprach voller Mitgefühl. »Aber woher kommt denn dieses Biest in unseren Köpfen?«

Leo lenkte ein: »Es ist nicht wirklich ein Biest. Es ist ein innerer Anteil, sozusagen ein Stück deiner Persönlichkeit, das all die kritischen Dinge aufgeschnappt hat, die du in deiner Kindheit und deiner Jugend gehört hast. Vielleicht haben dich deine Eltern kritisiert, später deine Lehrer; sie haben von dir verlangt, dass du anders bist, dass du dich anstrengst, dass du dich nicht so blöd anstellen sollst – und genau diese Dinge wiederholt dieser Anteil heute in deinen inneren Selbstgesprächen. Das tut er aber nicht, um dich zu ärgern. Er möchte, dass es dir gut geht. In seinem Repertoire, um das zu erreichen, hat er nur leider nichts anderes als diese alten, oft unbarmherzigen Vorstellungen.«

Anni überlegte eine Weile und sagte dann hoffnungsvoll:»Wenn ich aber weiß, dass es diesen Anteil in mir gibt und dass er nicht ich ist, dann muss ich doch nicht unbedingt auf ihn hören, oder? Dann wäre ich doch eigentlich frei, freundlicher zu mir zu sein ...«

»Sehr gut geschlussfolgert!« Leo war richtig stolz auf Anni.»Ja, du darfst freundlich zu dir sein. Unbedingt! Und du kannst freundlich zu dieser kritischen Stimme sein, musst sie aber gleichzeitig nicht so ernst nehmen. Entscheide selbst, was und wie viel von ihren Worten du glauben möchtest.« Er grinste:»Das meiste würde ich ihr nicht glauben.«

»Manchmal ist es ja vielleicht gar nicht so schlecht, wenn mich jemand darauf hinweist, was ich besser machen könnte.«

»Klar«, bestätigte Leo.»Du kannst deinem Kritiker für einen guten Hinweis danken, dich harscher Kritik aber verwehren.«

»Das gefällt mir«, sagte Anni entschieden.»Vielen Dank dafür.«

»Gern geschehen«, erwiderte Leo und machte eine elegante Verbeugung, indem er den rechten Vorderfuß weit hinter den linken stellte und dabei den Kopf senkte. Anni meinte fast zu sehen, wie er dabei mit der natürlich nicht vorhandenen rechten Hand seinen ebenfalls nicht vorhandenen Hut zog.

»Weißt du«, sagte er, als er wieder aufrecht vor ihr stand,»das Wichtigste ist, dass du merkst, wer gerade in dir spricht.«

»Also ich oder der Kritiker?«, fragte Anni sicherheitshalber nach.

»Das Wichtigste ist, dass du merkst, wer gerade in dir spricht.«

»Du, der Kritiker oder irgendein anderer innerer Anteil von dir.«

»Gibt es etwa noch mehr?« Ihr war gar nicht wohl bei dieser Vorstellung.

»Und ob!«, sagte Leo belustigt. »Ganze Heerscharen!«

»Oh nein«, rief Anni. »So viele?«

Leo amüsierte sich über ihren erschrockenen Blick. »Jetzt würde dich mein innerer Schelm gern noch ein bisschen ärgern und dir sagen, dass es unendlich viele sind. Viel mehr, als du dir je vorstellen könntest. Und sie alle musst du kennen und du musst bemerken, wenn sie sich melden. Unbedingt!« Leo lachte auf, feuerte ein paarmal sein »Iiiiieeh-Aah« in die Welt hinaus und gab dann aber Entwarnung, bevor Anni noch Reißaus nahm: »Ganz so schlimm ist es nicht, keine Sorge.«

»Na, Gott sei Dank«, erwiderte sie, ehrlich erleichtert.

»Es ist eine Frage der Betrachtung und auch der Pragmatik.« Leo war wieder ganz der ernsthafte Lehrer. »Du kannst dein Inneres durchaus in Tausende von Einzelpersönlichkeiten unterteilen, schließlich haben wir die unterschiedlichsten Facetten in uns. Manche leben wir, die meisten sind nur als Potenzial angelegt. Man könnte sich in diesem Bereich richtig verzetteln. Für das praktische Leben bringt das aber nicht viel. Dafür ist es wichtig, dass du weißt, dass es solche inneren Anteile gibt, und dass du ein paar davon kennst. Diesen inneren Kritiker zu bemerken, das dürfte schon bedeutsam sein.«

»Ja, das finde ich auch«, meinte Anni nachdenklich. »Der scheint mir doch ein recht aktives Eigenleben zu führen.«

»Das zu wissen und nicht einfach so laufen zu lassen, ist schon mal sehr hilfreich.« Leo schüttelte seine kurze zottelige Mähne. »Du hast auch viele Anteile in dir, die dich freundlich unterstützen. Eine liebevolle Großmutter zum Beispiel. Einen inneren friedvollen Krieger. Und viele weitere. Gut meinen sie es aber letztlich alle mit dir.«

»Das ist das Personal in meinem Gasthaus!«, rief Anni mit einem Mal. »Jetzt habe ich es verstanden!« Sie strahlte Leo an. »Die ganzen letzten Wochen habe ich immer mal wieder darüber nachgedacht, wie das zusammenpassen könnte. Jetzt verstehe ich es!« Leo wirkte etwas verständnislos. »Was genau meinst du?« »Na, du hattest mir doch beim letzten Mal vom Gasthaus erzählt und von den Gefühlen, die die Gäste sind.« Leo nickte. Das wusste er natürlich noch. »Und als es mir schwerfiel, mich darauf einzulassen, sagtest du, dass mein Gasthaus auch groß und hell sein kann, mit viel Personal. Das half mir sofort. Ich konnte den Gefühlen mehr Raum geben und mich entspannen, weil ich mich, zum Beispiel mit der Angst, nicht mehr so allein fühlte. Zur Not hätte ich nach dem Personal rufen können – so ein Gefühl war das. Aber ich hatte nicht verstanden, wer das Personal eigentlich sein sollte. Da war doch nur ich.« Sie machte eine Pause. »Aber jetzt verstehe ich: Da sind noch ein paar mehr. Da bin nie nur ich.«

»Ja«, sagte Leo mit viel Ruhe, »da sind nie nur wir. Nie nur die, die wir meinen zu sein. Da sind viele Anteile in uns, viele Facetten, viele gespeicherte Erfahrungen, viele Potenziale und Ausdrucksmöglichkeiten.« Sie schwiegen eine Zeit lang. Es war diese Art von Schweigen, die Anni nur mit Leo erlebte. Keine Spur von Verlegenheit und dem von Peinlichkeit begleiteten hektischen Fahnden nach einem nächsten Gesprächsthema. Dieses Schweigen war der reinste Genuss – gemeinsam erlebte Stille, in der Raum war, das gerade Besprochene nachklingen zu lassen, zu vertiefen und in den persönlichen Erfahrungsschatz einzusortieren. »Es gibt da einen inneren Anteil«, begann Leo wieder zu sprechen, »der wahrscheinlich der allerwichtigste ist. Bei vielen Menschen ist er sehr verletzt und sie erschrecken erst einmal über seinen Zustand, wenn sie ihm das erste Mal begegnen. Wenn er aber heilen darf, dann verwandelt diese Heilung das gesamte Leben.«

»Den möchte ich kennenlernen«, sagte Anni spontan, bevor sie etwas vorsichtiger ergänzte:»Und ich hoffe, mich erschreckt er nicht.«

Leo stand dicht vor ihr und Anni bemerkte, wie wieder dieser magische Sog von dem ihr zugewandten Auge auszugehen begann. Sie ließ sich darauf ein und es zog sie, während sie in Leos Auge versank, in rasender Geschwindigkeit in ein Dunkel hinein, das diesmal wirklich dunkel war. Wie eine Höhle, ein Keller, ein Abstellraum. Dort umfing sie eine Stimmung, die ihr seltsam vertraut war. Im schwachen Licht, das auch hier niemals erlosch, entdeckte sie eine Gestalt. Zusammengekauert hockte sie da, mit dem Rücken zu Anni. Zarte, lange, helle Haare konnte sie erkennen und einen schmächtigen Körper.»Das ist ein Kind«, flüsterte Anni. Die kleine Gestalt hob etwas den Kopf und drehte ihn ein Stückchen zu ihr. Anni ging auf die Knie und streckte dem Kind die Hände entgegen.»Was machst du hier? Warum bist du hier ganz allein?«

Das Kind drehte sich vorsichtig um und schaute Anni schüchtern an. Es sagte nichts, aber aus seinen Augen liefen ein paar Tränen.

»Du bist ja ich!«, rief Anni lauter, als sie es eigentlich wollte.»Du bist ja das Kind, das ich früher war! Und du bist noch da …« Sie konnte es nicht fassen.»Warum bist du noch da? Und warum weinst du?«

»Es ist dein inneres Kind«, hörte sie da Leos sanfte Stimme.»Dieses Wesen versammelt in sich alles, was du als Kind erlebt hast und was an kindlichen Qualitäten bis heute in dir lebt.«

»Aber warum sitzt es hier so allein?« Auch über Annis Wangen liefen jetzt die Tränen. Sie schaute dem Kind in die Augen und kannte mit einem Mal selbst die Antwort auf ihre Frage:»Weil ich es vergessen habe. Weil ich dich vergessen habe, mein Kind.« Anni musste schlucken, bevor

Hör **DIR SELBST** regelmäßig zu, spüre in dich hinein und erkunde: Wer spricht da gerade? Welcher **INNERE ANTEIL** hat in diesem Moment die Führung? Bist du Kind oder erwachsen? Maus oder Adler? Opfer, Täter oder Weiser? Vergangen, künftig oder wirklich da, dein **GEGENWÄRTIGES SELBST**? Diese Achtsamkeit wird deinen Austausch mit dir selbst, anderen und der Welt auf eine neue Ebene der **KLARHEIT** und der **KRAFT** erheben.

sie weitersprechen konnte. »Ich war so froh, endlich erwachsen zu sein, frei und unabhängig meinen Weg zu gehen. An meine Kindheit habe ich nicht mehr so oft gedacht – und wenn, dann an die vielen schönen Momente. Dass ich so ein trauriges Kind damit einfach sitzenlasse, das war mir überhaupt nicht bewusst.« Anni fing jetzt haltlos an zu schluchzen.

Immer wenn sie sich vorsichtig wieder dem Kind zuwandte, wurde sie von inneren Bildern überflutet. Von Bildern, die sie lang vergessen hatte: Wie sie von der ganzen Klasse ausgelacht wurde, weil der Mathelehrer sie »Blödi-Anni« genannt hatte ... Wie sie nach dem Tod der Nachbarkatze ganz allein weinend in ihrem Kinderzimmer saß, nachdem die Mutter sie angeherrscht hatte, es sei doch nur ein Tier gewesen und nicht mal ihr eigenes – sie solle sich nicht so anstellen ... Wie sie sich nach der Schule lange ängstlich vor der Haustür herumgedrückt hatte und nicht hineingehen wollte, weil sie den heftigen Streit zwischen der Mutter und ihrem neuen Partner schon wieder bis auf die Straße hinaus hörte ...

Anni war zutiefst bewegt, sich an all dies plötzlich wieder zu erinnern. Zum allerersten Mal wurde ihr bewusst, wie oft sie sich als Kind alleingelassen gefühlt hatte. Ohne Schutz. Ohne Beistand. Gänzlich überfordert von den Umständen. Und dass sie selbst diesem Kind, das in ihr weiterlebte, ebenfalls nicht beigestanden hatte. Wie oft hatte sie selbst sich ausgelacht, sich angeherrscht, sich mit einer Angst alleingelassen? Sie war mit diesem Kind in ihr so umgegangen, wie sie es aus ihrer Kindheit kannte.

Es tat ihr unendlich leid und in ihrem Herzen spürte sie nur einen einzigen Wunsch: jetzt für dieses Kind da zu sein und die alten Wunden zu heilen, so lange es auch dauern würde.

Das Kind ging vorsichtig auf sie zu und berührte sie mit seiner kleinen Hand am Arm. Anni schaute ihm ins Gesicht und als sie so viel Offenheit und Liebe darin sah, schloss sie das kleine Mädchen in die Arme. Eng umschlungen, Anni noch immer kniend und das Kind ganz nah bei ihr stehend, weinten sie beide. Und mit jeder Träne wurde es ihnen leichter ums Herz und ein trauriger Moment der Vergangenheit wusch sich aus ihrer Seele heraus.

»Ich werde dich nie mehr alleinlassen«, sagte Anni und schaute dem Kind in die Augen. »Ich werde für dich da sein«, versprach sie und meinte es auch so, mit jeder Faser ihres Seins.

Das Kind sah sie lange an und sagte dann kaum hörbar: »Ich bin froh, dass du gekommen bist.«

Wieder schloss Anni das Mädchen in die Arme und bemerkte, dass es zwar zitterte, der Raum um sie herum aber schon heller geworden war. Es schien kein Keller oder Abstellraum mehr zu sein, sondern es hatte sich in einen freundlichen Raum verwandelt. Während sie das Kind in ihren Armen hielt und spürte, wie sein Zittern nachließ, lösten sich ganz allmählich die Bilder auf.

Leos Auge wurde wieder für sie sichtbar und sie realisierte, dass sie neben ihm auf der Wiese auf dem Hügel stand. Die Sonne schien und Anni wusste, dass etwas Wichtiges geschehen war. Sie legte sich ins weiche Gras, legte die Hände auf ihren Bauch und spürte dem Erlebten nach.

> **»Ich werde dich nie mehr alleinlassen.**
> **Ich werde für dich da sein.«**

Als Anni nach einer Weile – sie konnte nicht einschätzen, ob es fünf Minuten oder zwei Stunden gewesen sein mochten – die Augen wieder öffnete, lag Leo neben ihr im Gras, als hätte er sie beschützt und bewacht. »Ich bin erschüttert«, sagte Anni leise. »Und zugleich so dankbar!«

»Die Begegnung mit dem inneren Kind gehört zum Wichtigsten, was du erleben kannst«, sagte Leo sanft. »Zum Heilsamsten überhaupt.«

»Meinst du, es kann mir verzeihen?«

»Wie fühlt es sich denn an?«, antwortete Leo mit einer Gegenfrage.

»Das Kind war so offen und schien gar nicht böse auf mich zu sein«, flüsterte Anni.

»Weißt du überhaupt«, begann Leo wertschätzend, »was für einen großen Schritt du eben gemacht hast? Du hast bereits jetzt verstanden, dass es deine Verantwortung ist, dich um dieses Kind zu kümmern. Nicht die deiner Eltern, früherer Lehrer oder anderer Kinder, die dich damals als Kind verletzt haben mögen. In jeder Kindheit passieren Dinge, die dem zarten Wesen, das so neu auf der Erde und in eurer Gesellschaft ist, Schmerzen zufügen. Sobald du erwachsen bist, ist es deine Aufgabe, für Heilung zu sorgen. Niemand sonst kann und wird das tun.«

»Ja«, sagte Anni. »Wer sonst sollte es denn tun? Es ist ja mein Leben.«

»Genau. Es ist dein Leben – mit all seinen Höhen und Tiefen. Und es ist dein inneres Kind – mit all seinen Freuden und seinem Leid. Du bist diejenige, die in dir selbst für Heilung sorgen kann. Nur du.« Leo sah sie eindringlich an und ergänzte dann: »Auch wenn du dir natürlich Unterstützung holen kannst.«

»Mit dir habe ich eine riesige Unterstützung gefunden. Ich danke dir so sehr!« Anni schaute Leo zärtlich an. Dann fragte sie: »Was mache ich denn jetzt, damit es diesem Kind immer besser geht?«

»Was denkst du?« Leo lächelte, weil er wusste, dass Anni auf einem sehr guten Weg war.

»Ich könnte mir zum Beispiel angewöhnen, jeden Morgen und jeden Abend an dieses Kind zu denken.« Sie überlegte. »Vielleicht kann ich so oft wie möglich Kontakt zu ihm aufnehmen.«

»Ja, genau«, bestätigte Leo. »Du kannst es dir bildlich vorstellen. Und da, wo deine Hände liegen, wohnt es.«

Anni registrierte erstaunt, dass ihre Hände immer noch auf ihrem Bauch lagen. »Dort wohnt es?« Sie schloss die Augen und spürte in sich hinein. »Ja«, rief sie dann und schaute Leo wieder an. »In meinem Bauch kann ich es wirklich spüren und geistig vor mir sehen.«

»Es ist ein innerer Anteil von dir«, begann Leo zu erklären. In einer aufkeimenden Euphorie fiel Anni ihm ins Wort: »Zu diesem Kind gehören ja auch meine Spontaneität und mein Bauchgefühl, oder? Und meine Lebendigkeit!«

Leo nickte. »Du machst das gut.«

Sie schwiegen, während Anni sich aufrichtete und ein wenig rekelte.

»Es gibt da noch etwas, das im Alltag wichtig sein könnte«, begann Leo eine weitere Facette des Umgangs mit dem inneren Kind anzusprechen. Da ihn Anni offen anschaute, erklärte er weiter: »Auch hier ist es wichtig, dass du merkst, wer da in dir oder aus dir spricht. Es kann nämlich auch dein inneres Kind sein. Und wenn dir das nicht bewusst ist, versucht es mit einer Situation zurechtzukommen, die es überfordert. Und dann ist kein Erwachsener da, der die Führung übernimmt.«

»Oh, mein Gott«, entfuhr es Anni. »Das kenne ich. Ich hatte doch keine Ahnung, dass es dieses innere Kind gibt! Manchmal zum Beispiel, wenn ich mich mit meinem Exfreund gestritten habe, fühlte ich mich so verletzt, dass ich einfach nur wütend oder traurig mit ihm gekämpft habe. Wir sind dann zu keinem sinnvollen Schluss gekommen, sondern es wurde immer nur schlimmer.«

»Zwei verletzte innere Kinder«, sagte Leo traurig, »die miteinander ringen und beim anderen etwas suchen, was sie brauchen, was er ihnen aber nicht geben kann.«

»Das ist ja furchtbar!« Anni hatte das Gefühl, dass ein riesiges Tor zu einer Welt aufging, die sie bisher nie bemerkt hatte, während sie doch ihren Alltag, ihre Beziehungen, ihre Arbeit, alle Begegnungen, ja, ihr ganzes Lebensgefühl bestimmt hatte.

»Es mag sich furchtbar anfühlen, wenn du mit diesem Wissen auf die Vergangenheit schaust. Damals hattest du dieses Wissen nicht. Und ja, es passieren furchtbare Dinge, wenn die Bewusstheit fehlt.« Leo blickte voller freundlicher Zuneigung zu Anni. »Bewusstheit ist erst da, wenn sie eben da ist. Dann aber sorgt sie für Wandel und Heilung.«

»Bewusstheit ist erst da, wenn sie eben da ist. Dann aber sorgt sie für Wandel und Heilung.«

»Das muss ich alles erst einmal verarbeiten«, sagte Anni. »Aber ich spüre jetzt schon eine riesige Freude über diese neuen Möglichkeiten der Heilung.« Sie spürte in ihren Bauch hinein und rief dann: »Diese Freude, die kommt ja auch von meinem Kind!«

»Ja, sicher«, pflichtete ihr Leo bei. »Kinder und Freude, das gehört ganz natürlicherweise zusammen. Du wirst staunen, wie viel mehr Freude in dir und damit auch in deinem Leben sein wird, wenn du dich gut um dein inneres Kind kümmerst.«

»Das kann ich mir vorstellen«, freute sich Anni. »Ich werde mich um mein inneres Kind kümmern. Es verdient das Allerbeste. Es verdient …« Anni überlegte, »… den Himmel auf Erden! Jedes Kind verdient das. Ich werde vor allem diesen inneren Kritiker von ihm fernhalten und in seine Schranken verweisen, wenn er auf ihm herumhacken möchte. Das hat er nämlich schon oft getan.«

»Sehr gut erkannt«, lobte Leo. »Und wann immer du in einer Alltagssituation in Drama und Schmerz zu versinken drohst, kannst du dich fragen, ob gerade dein inneres Kind die Führung übernommen hat, weil du sie nicht übernimmst.«

»Und dann? Dann hätte ich ja schon wieder alles falsch gemacht«, sagte Anni entmutigt.

»Wer spricht da gerade?«, schmunzelte Leo.

Anni lächelte erleichtert: »Mein innerer Kritiker. Danke für den Hinweis. Tatsächlich könnte ich ab jetzt, sobald ich irgendeine Form von Drama in mir bemerke, das innere Kind an die Hand nehmen und mich selbst um die Situation kümmern.«

»Ja, du gibst dem Kind deinen mütterlichen Schutz.«

»Das fühlt sich gut an.« Anni klang befreit. Und sie überlegte: »Dann habe ich also auch noch eine innere Mutter? Und womöglich auch einen inneren Vater?«

»Klar. Wie ich schon sagte: Es existieren tatsächlich viele innere Anteile. Ich glaube«, sagte Leo mit dieser großen Ernsthaftigkeit, die sich seiner bemächtigte, wenn ihm etwas wichtig war, »dass wir alle ein Leben lang lernen dürfen, mit unseren inneren Anteilen umzugehen. Immer wieder zu bemerken, wer da überhaupt alles mitmischt. Fürsorglich und liebevoll mit ihnen zu sein und bei all dem wir selbst zu bleiben. Das große beobachtende und liebende Selbst.«

»Mir scheint, dass immer noch mehr Anteile auftauchen und dass an deinem schelmischen Witz vorhin durchaus etwas dran war.« Anni schaute Leo ein bisschen ratlos an. »Wird es dadurch nicht immer komplizierter?«

»Klar, es geht immer noch komplizierter«, stimmte Leo zu. »Oder besser gesagt: Du erkennst immer mehr, wie komplex es ist, je genauer du hinschaust. Eine Zeitlang kann das verwirrend sein und anstrengend. Aber das hat ein natürliches Ende: Wenn du durchgetaucht bist, ist es wieder ganz einfach.«

»Wenn du durchgetaucht bist, ist es wieder ganz einfach.«

»Wie wenn wir Autofahren lernen?«, fragte Anni und merkte gleich an Leos Gesichtsausdruck, dass dies kein so passendes Beispiel war.

»Das gehört jetzt nicht direkt in meinen Erfahrungsbereich«, grinste er.

»Aber vielleicht meinst du das: Wenn wir etwas Neues lernen, wird es eine ganze Zeit lang immer komplizierter und wir glauben, wir könnten es nie überblicken und nie meistern.«

»Ja,«, bestätigte Anni, »und irgendwann haben wir es verinnerlicht und dann ist es ganz einfach. Genau das meinte ich. Wenn das mit den inneren Anteilen auch so ist, dann bin ich beruhigt.«

»Weißt du«, Leo überlegte, wie er sich am besten ausdrücken könnte, »eigentlich geht es doch immer darum, für alles offen zu sein und nichts automatisch zu bewerten, weder Dinge, die von außen auf uns zukommen, noch innere Regungen. Und es geht darum, liebevoll zu sein. Ob dir dein innerer Kritiker begegnet, dein inneres Kind oder deine Nachbarin, die einen schlechten Tag hat und einen Streit anfängt – immer wäre es das Höchste, liebevoll zu sein.«

Leos Worte berührten Anni. »Das klappt wahrscheinlich nicht immer«, meinte sie. »Aber schön wäre es. Und jeden Versuch wert.«

Leo nickte. »Mir hilft oft eine ganz einfache Frage, die ich einem meiner berühmtesten Verwandten verdanke.«

»Ah, wer ist das?«, fragte Anni neugierig.

»Das ist es, was dich interessiert?« Leo schaute sie mit gespielter Empörung an. »Angemessener wäre wohl: ›Welche Frage hilft dir?‹«

»Also, deinen berühmtesten Verwandten kann ich mir doch nicht entgehen lassen«, flötete Anni. »Ich habe ja schon so einige aus deiner beeindruckenden Familie kennenlernen dürfen …«

»Also gut«, grinste Leo. »Ich spreche von dem Esel, auf dem Jesus nach Jerusalem geritten ist, wie es unter anderem das Matthäus-Evangelium berichtet.«

»Wow!« Damit hatte Anni nun wirklich nicht gerechnet. »Und das war ein Verwandter von dir?«

»Natürlich«, sagte Leo und wenn er nicht so viel Fell gehabt hätte, dann hätte Anni sehen können, dass sich seine Wangen vor Stolz röteten.

»Ihr Esel wart ja wirklich überall dabei«, stellte sie bewundernd fest.

»Ja, und ich darf sagen, dass wir viel daraus gelernt haben.«

»Das will ich meinen«, sagte Anni lobend. »Welche Frage ist es denn nun, die du diesem Verwandten, der Jesus auf seinem Rücken getragen hat, verdankst?«

»Sie lautet ganz einfach: Reitest du auf einem Esel oder auf einem Pferd?«

»Hm, das klingt erst mal nicht so weltbewegend.« Anni schloss die Augen und drehte den Kopf zur Sonne. »Ich muss darüber nachdenken.«

»Und?«, fragte Leo nach einer Weile. »Ergebnisse?«

Anni grinste. »Du wirst es nicht glauben«, sagte sie selbstbewusst, »aber ich habe zu meinem inneren Kind hingespürt und es kennt die Antwort.«

Leo sah verblüfft aus, sagte aber: »Daran habe ich keinen Zweifel, dass es die Antwort kennt. Sehr gut finde ich, dass du sie gehört hast!«

»Eher gesehen habe ich sie«, verkündete Anni. »Mein inneres Kind hat sich ganz verspielt vorgestellt, wie es auf einem Pferd reitet, und dabei stolz und mächtig ausgesehen. Wie eine Königin. Ein bisschen arrogant, aber auch stark und siegessicher, kriegerisch fast. Und dann ist es auf den Esel umgestiegen und wirkte auf einmal weich, menschlich, demütig und dennoch irgendwie edel.«Anni schaute zu Leo, um zu prüfen, ob es das war, was er gemeint hatte.»Ich denke, das macht den Unterschied.«

Leo nickte.»Das denke ich auch.«

»Irgendwie«, fuhr Anni nachdenklich fort,»hat mein Kind beides ganz spielerisch und unschuldig dargestellt. Es war nicht eines besser als das andere.«

»Beides hat seine Berechtigung, natürlich«, betonte Leo.»Wir müssen es nicht bewerten, aber wir können feststellen, wie unterschiedlich es ist.«

Sie schwiegen einen Moment lang und spürten, dass sich ihre heutige Begegnung erfüllt hatte.

»Ich sollte langsam nach Hause gehen. Ich bin dir so dankbar!« Anni wandte sich zum Gehen:»Jetzt würde ich am liebsten den Hügel hinunterkullern.«

»Nur zu. Dein inneres Kind würde sich freuen«, war sich Leo sicher.

Annis Augen leuchteten auf.»Echt?«

»Ja, klar, immer wenn du so etwas machst, lebt dein inneres Kind auf.«

»Na, ein bisschen peinlich wäre es mir schon«, meinte Anni zögerlich.

»Ich schau nicht hin«, sagte Leo und fügte grinsend hinzu:»Oder nur ganz unauffällig.«

Anni trat noch einmal auf ihn zu, kraulte ihm die Stirn und umarmte schließlich seinen ganzen Kopf. Herzlich verabschiedeten sie sich für heute voneinander. Anni machte ein paar Schritte auf dem Weg, bog schließlich aber auf die Wiese ab, legte sich auf die Seite und ließ sich kichernd und lachend den Hügel hinabrollen.

DANKBARKEIT LEBEN

Anni sah übermüdet aus, als sie wieder auf dem Hügel vorbeischaute. Es waren diesmal ein paar mehr Wochen vergangen als die Male zuvor. Doch nun hatte sie sich endlich aufraffen können, wieder hierherzukommen. Der Himmel strahlte in einem hellen Blau. Die gesamten letzten Wochen hatte sich Anni an der Sommersonne freuen können. Allerdings wirkte sie selbst nur wenig heiter.

Als sie bei Leo angekommen war, streckte sie ihm stumm die Hand entgegen, kraulte ihn leicht über der Nase und wanderte mit ihrem Blick über die Details seines großen Kopfes und seiner beinahe noch größeren Ohren. Er ließ sich die Zärtlichkeit gern gefallen und drückte schließlich seine Stirn sanft gegen ihr Brustbein. Sie umschlang seinen Kopf und so standen sie eine ganze Weile in dieser stillen Umarmung. Nach einer Weile lösten sie sich wieder voneinander und Leo sagte: »Schön, dich zu sehen.«

»Ja, ebenfalls«, lächelte Anni. »Schön, wieder hier zu sein. Es ist ja eine ganze Weile her.«

»Ein paar Wochen werden es gewesen sein. Wie ist es dir ergangen?«, fragte Leo.

Anni wirkte, als wollte sie sofort lossprudeln, blieb dann aber doch stumm. »Das ist gar nicht so leicht zu beantworten«, sagte sie schließlich und wurde wieder still.

»Das könnte ein sehr gutes Zeichen sein«, versuchte Leo das Gespräch vorsichtig in Gang zu bringen. »Oft antworten wir auf die Frage, wie es uns geht, einfach mit ›gut‹ oder ›schlecht‹. Aber wenn du tiefer schaust, dann ist diese Frage wirklich nicht leicht zu beantworten. Da sind zu viele Ebenen, zu viele Prozesse, zu viele äußere und innere Bewegungen.«

Anni schaute ihn dankbar an. »›Wenn du tiefer schaust‹«, wiederholte sie nachdenklich, »ich denke, das trifft es. Ich habe tiefer geschaut.« Sie verstummte wieder und lehnte sich seitlich an Leo, als wolle sie einfach nur seine Wärme und seine Lebendigkeit spüren. So schauten sie über die Weite der Landschaft und blieben still.

»Es ist so viel Schmerz in der Welt«, begann Anni plötzlich. »Das ist mir nie so sehr aufgefallen wie in den letzten Wochen. So viel Leid, so viel Verwirrung, so viel Schmerz. Von den Kindern bis zu den Ältesten, alle tragen sie irgendein Leid. Und alle versuchen sie ihm auf die eine oder andere Weise zu entkommen. Sie verbiegen sich, sie konsumieren, sie diskutieren, sie fühlen sich klein, sie strengen sich an, sie betäuben sich. Und sie zanken, streiten und bekämpfen sich, meinen, es besser zu wissen als die anderen.« Anni löste sich von Leo und schaute ihn an. »Was ist nur los mit uns?! Also, mit uns Menschen? Ihr Esel macht es ja, glaube ich, besser.«

Leo hatte ihr aufmerksam zugehört und schaute sie einfach nur an.

Anni seufzte: »Unser Leben ist aber auch so verdammt kompliziert geworden. Es scheint mir fast nicht mehr möglich, alles gut hinzubekommen. Alles ist so unnötig verwickelt und aufwendig, technisch und bürokratisch. Und alle möglichen Anforderungen werden immer höher. Das bringt uns fast alle in Stress und Nöte. Dabei könnten wir es uns doch leicht machen. Wir alle zusammen. Wir haben doch alle Möglichkeiten auf dieser Erde. Aber wir tun es nicht.« Sie hob die Hände ein wenig und ließ sie entmutigt wieder fallen. »Ich verstehe das nicht. Wirklich nicht.« Anni sah fragend zu Leo.

Der konnte gut nachempfinden, was sie bewegte. Mitfühlend erwiderte er: »Du Liebe, darauf gibt es keine einfache Antwort.«

»Ich weiß«, sagte Anni und senkte den Blick. »Mir fällt gerade ein, wie dieser Schmerz bei mir spürbar wurde. Als ich das letzte Mal hier bei dir war, hast du mir geholfen, mein inneres Kind zu entdecken. Es war sehr scheu, sehr verletzt – und es war wunderschön, mit ihm zu sein, allmählich sein Vertrauen zu gewinnen und ihm heilen zu helfen. Ich habe viel Spielerisches in mein Leben zurückgeholt und die Zeit sehr genossen, wobei auch eine Menge Tränen flossen, während ich mich an viele Erlebnisse erinnert habe, in denen ich mich als kleines Mädchen und als junge Frau unverstanden, alleingelassen, ungerecht behandelt, verkrampft und verbogen gefühlt habe. Aber, weißt du, beim Weinen war ich oftmals so glücklich! Das alles spüren zu dürfen, mir darüber bewusst werden zu dürfen, das war einfach schön.«

Leo nickte. Er konnte sehr gut verstehen, was Anni meinte.

»Und dann«, erzählte sie weiter, »hatte ich einen Traum. Ganz viele Esel kamen darin vor und sie wurden von uns Menschen …« Anni stockte. »Sie wurden nicht gut behandelt. Sie wurden geschlagen und unbarmherzig angetrieben, schwere Lasten zu tragen. Und niemand schien ihr Wesen zu bemerken. Niemand nahm wahr, was für individuelle, sensible und kreative Tiere sie sind. Als wären es Geräte, Maschinen, die eine Funktion erfüllen sollen, und mehr nicht.« Sie blickte Leo in die Augen. »Es hat mir so wehgetan.«

Leo nickte. »Ja, auch das ist Teil unserer Geschichte und unserer gemeinsamen Erfahrungen.«

»Es tut mir so leid«, flüsterte Anni. »Wir Menschen gehen so schlecht mit euch und all den anderen Wesen um. Mit der Erde ... Nicht immer natürlich, aber so oft. Viel zu oft. Und ich weiß nicht, wie das endlich aufhören könnte.«

»Na ja«, begann Leo langsam, »ihr geht mit uns und der Erde genauso um wie mit euch selbst. Genau dort, denke ich, könnt ihr ansetzen. Und das solltet ihr auch, wenn ihr dieses sinnlose Leiden, das du beschrieben hast, beenden wollt. Für euch und für alle anderen.«

Anni hatte staunend zugehört. »Das war mir nicht klar«, sagte sie. »Aber du hast sicher recht. Wer mit anderen schlecht umgeht, der wird mit sich selbst auch nicht gut umgehen.«

»Ja, das geht nämlich gar nicht«, betonte Leo. »Was brauchst du denn, um zu anderen unfreundlich zu sein – ignorant, böse, unempathisch?«

»Na, genau das«, antwortete Anni. »Ignoranz, Bosheit, mangelnde Empathie. Oder?«

»Ja, exakt das brauchst du dafür. Und wie fühlst du dich, wenn dir Empathie fehlt, wenn Ignoranz und Bosheit in dir aktiv sind?«

»Nicht gut.« Anni überlegte. »Aber dann verletzt sich der, der anderen Böses tut, auch selbst. Er wird sein eigenes Opfer.«

»Hm, könnte man so sagen«, meinte Leo nachdenklich. »Ich würde es so formulieren: Wenn es irgendwo Schmerz und Leid gibt, Verletzung und Empathielosigkeit, dann leiden im Grunde alle Beteiligten. Dann gibt es keine Gewinner. Nur Verlierer. Nur Schmerz.«

»Ihr geht mit uns und der Erde genauso um wie mit euch selbst.«

»Aber weißt du«, Anni holte tief Luft, als hätte sie gerade eine unangenehme Entdeckung gemacht. »Genau das habe ich doch auch meinem inneren Kind gegenüber gelebt. Ich war so ignorant, dass ich nicht einmal bemerkt habe, dass es da ist. Da war keine Empathie, ich wollte einfach funktionieren und dass das Leben irgendwie gut klappt. Als Folge davon war ich sogar böse.« Sie schaute erschrocken in Leos Gesicht. »Da war wirklich oft eine Art Bosheit, die mir selbst gar nicht bewusst war – wenn ich mich angetrieben habe, immer noch mehr von mir verlangt habe, mich beschimpft habe, weil etwas nicht klappte oder ich nicht so war, wie ich dachte, sein zu müssen. Das hat alles mein inneres Kind abbekommen.« Anni setzte sich auf den Boden, zog die Knie an und bedeckte mit den Händen ihr Gesicht. »Es tut mir leid«, sagte sie leise. »Ich wusste nicht einmal, was ich da tue.«

Leo machte einen Schritt auf Anni zu, sodass er mit den Vorderbeinen dicht hinter ihr stand. Anni spürte das und lehnte sich mit dem Rücken an sein linkes Bein. Sie schloss die Augen und beide schwiegen eine Zeit lang.

»Wofür bist du dankbar?«, fragte Leo mit einem Mal.

»Was?« Anni war in ihren Gedanken gerade ganz woanders gewesen. Dankbarkeit schien am gänzlich anderen Ende der Gefühlsskala zu Hause zu sein.

»Wofür bist du dankbar?«, wiederholte Leo.

Anni ließ sich auf die Frage ein und überlegte. »Also, okay: Ich bin dankbar dafür, dass ich hier sitzen und mit dir reden kann.« Sie bemerkte, wie entspannend es sich anfühlte, das zu registrieren. Da Leo nichts sagte, zählte sie noch mehr auf:»Ich bin dankbar dafür, dass ich meinem inneren Kind begegnet bin, so schmerzvoll ich das zeitweise auch fand. Jetzt ist da so viel Zärtlichkeit und es wächst auch immer mehr Vertrauen.« Sie lächelte.»Und da ist noch etwas: Ich bin dankbar dafür, dass mir auch der Schmerz in der Welt bewusster wird. Ich weiß nicht recht, wieso. Wenn er mir nicht bewusst ist, ist er ja trotzdem da. Und eigentlich ist es mir als Kind schon aufgefallen, dass etwas nicht stimmt. Dass die Menschen irgendwie schräg sind. Nicht ehrlich zu sich selbst und zueinander und nicht kraftvoll und dass viel mehr Liebe da sein könnte. Das war mir als Kind oft unverständlich. Ich bin dankbar dafür, dass es mir auffällt, weil das echt und ehrlich empfunden ist.«

»Kinder haben noch ein feines Gespür«, bestätigte Leo.»Und jetzt, da du deinem inneren Kind wiederbegegnet bist, werden dir all diese Dinge neu bewusst.«

»Damit hängt es zusammen?«, rief Anni.»Das ist ja spannend!« Sie ging in Gedanken die letzten Wochen durch.»Ja, es stimmt. Alles war emotional intensiver. Im Zusammensein mit diesem Kind war da so viel Liebe und Freude. Aber zugleich wurde mir so viel Trauriges und Schmerzhaftes bewusst. Bei dem Kind, in manchen Erinnerungen und eben auch in der Welt. Als wären mir die Augen geöffnet worden, die vorher, ohne dass ich es bemerkt hätte, verschlossen waren.«

»Das ist schön beschrieben«, sagte Leo und faltete seine vier Beine zusammen, um sich zu Anni auf den Boden zu setzen.»Wenn du beginnst, dein inneres Kind zu entdecken, dann siehst du die Welt plötzlich auch mit seinen Augen, mit den Augen eines Kindes. Und das ist tatsächlich so, als würdest du endlich überhaupt sehen.« Er dachte an die beiden Kinder der Familie von seinem Bauernhof.»Kinder sind noch so frisch und echt; sie bemerken, wo etwas nicht stimmt, wo die Dinge nicht natürlich sind, nicht im Sinne des Lebens.«

»Ich denke manchmal«, warf Anni ein, »wir Erwachsenen können uns das einfach nicht leisten. Wir müssen so viel hinbekommen, so viel schaffen und richtig machen, da bleibt einfach kein Raum dafür.«

»Aber zeigt nicht genau das«, erwiderte Leo, »dass ihr euch eine Welt erschaffen habt, die nicht natürlich ist, nicht im Sinne des Lebens? Wenn ihr nicht einmal Raum dafür habt, die Augen zu öffnen? Wenn ihr nicht einmal Zeit habt, zu bemerken, was ihr da treibt?«

»Puh«, machte Anni. »Ich fürchte, da hast du recht. Auch damit, dass wir uns diese Art Welt selbst geschaffen haben. An irgendeinem Punkt hätten wir ja als Menschheit eine andere Entscheidung treffen, einen anderen Weg einschlagen können, oder? Dann wäre heute alles anders.«

»Nun, es ist, wie es ist«, holte Leo das Gespräch ins Jetzt zurück. »Und sobald Bewusstheit hineinkommt, verwandelt sich die Welt.«

Anni ließ diesen Satz staunend auf sich wirken. »Das klingt wahr«, sagte sie nachdenklich. »Seit ich zu dir auf diesen Hügel komme und wir sprechen, passiert ja eigentlich nichts anderes, als dass mehr Bewusstheit in mir wach wird. Und tatsächlich verändert das so viel.«

»Genau das«, erwiderte Leo.

»Sobald Bewusstheit hineinkommt, verwandelt sich die Welt.«

»Aber sag mal«, wollte Anni nach einer kurzen Zeit des Schweigens wissen, »wie ist denn das mit der Dankbarkeit?«

»Na, schön ist es mit der Dankbarkeit«, lächelte Leo, der genau wusste, dass es nicht das war, was sie hören wollte.

»Schön ist es mit ihr«, wiederholte Anni. »Das stimmt. Aber warum? Ich war vorhin traurig und schwer, und du hast mich gefragt, wofür ich dankbar bin. Zuerst fand ich die Frage unpassend. Völlig unpassend! Aber sie hat ganz schnell etwas in mir geöffnet. Und als ich bereit war, Antworten zu finden, entstanden viel mehr Leichtigkeit und Licht in mir. Dankbarkeit scheint eine große Kraft zu haben.«

»Oh ja, das hat sie«, schwärmte Leo. »Sie gehört zu den größten Kräften, die uns zur Verfügung stehen. Sie ist eng mit der Liebe verwandt, dieser anderen sehr großen Kraft. Beide sind immer nah beieinander, die eine geht nie weit weg von der anderen. Sie sind wie zwei wunderschöne und starke Schwestern.«

»Stimmt«, freute sich Anni. »Wenn ich Dankbarkeit empfinde, ist immer auch Liebe dabei. Und wenn Liebe da ist und ich sie fühle, schwingt die Dankbarkeit mit.«

> »Dankbarkeit ist eng mit der Liebe verwandt. Beide sind immer nah beieinander, die eine geht nie weit weg von der anderen.«

»Ja, so ist das.« Leo schien gerade in beidem zu schwelgen. Annis Gesicht jedoch wurde mit einem Mal ganz traurig, als wäre ihr urplötzlich etwas Schmerzhaftes eingefallen. »Das ist aber nur so lange schön, bis die Liebe abhandenkommt«, sagte sie.

Leo schaute sie verwundert an. »Warum sollte die Liebe denn abhandenkommen?«

Anni stiegen Tränen in die Augen. »Na, wenn man plötzlich nicht mehr geliebt wird. Wenn man einfach verlassen wird.«

»Dann ist die Liebe abhandengekommen?«, fragte Leo ganz weich, denn er spürte natürlich, dass Anni an einen wunden Punkt gelangt war, von dem sie bislang nie direkt erzählt hatte.

»Vielleicht war sie nie da«, sagte sie ein wenig trotzig. Sie wischte ein paar Tränen fort und schluckte schwer. »Nein, das stimmt nicht. Da war wirklich viel Liebe und ich habe auch die Dankbarkeit dafür gespürt. Aber jetzt ist nichts mehr da.«

»Keine Liebe mehr? Keine Dankbarkeit?« Leo blieb ganz weich, seine Worte waren eine Einladung an Anni, ihm in einen größeren, weiteren Raum zu folgen – heraus aus der Enge der Traurigkeit.

»Ich weiß es nicht«, sagte Anni und ihre Stimme klang müde. »Es ist schon einige Monate her und manchmal tut es noch immer sehr weh. Diese Trennung, die ich nicht wollte, fühlt sich an wie ein Scheitern. Darin kann ich keine Liebe sehen.«

»Und kannst du Dankbarkeit sehen? Kannst du in dieser Geschichte etwas sehen, wofür du dankbar bist?«

In Anni kämpfte es. Auf der einen Seite spürte sie Abwehr gegen diese unverschämte Frage, auf der anderen Seite war da eine große Sehnsucht, dass dieser Schmerz endlich gehen konnte. So oft schon schien er weg, geheilt, vergessen – doch er kam immer wieder.

Sie vertraute Leo mittlerweile genug, um sich auf die Frage einzulassen. »Kann ich in dieser Geschichte etwas sehen, wofür ich dankbar bin?«, murmelte sie vor sich hin. »Ich bin durchaus dankbar für einige schöne Momente mit diesem Mann, an die ich mich gern erinnere. Aber wenn ich daran denke, dann schlägt sofort der Schmerz zu, weil ich sie nicht mehr haben darf!« Das kurze Aufflackern von liebevoller Dankbarkeit in Anni war gleich wieder erloschen. Zu leidvoll war der Verlust dieser Beziehung, dieses Menschen, dieses Miteinanders.

»Dankbarkeit für schöne Momente, für schöne Erinnerungen«, sagte Leo, »das ist doch schon mal ein Anfang. Du kannst dich jederzeit erinnern und davon nähren. Das kann dir niemand nehmen.«

»Aber ich möchte es wieder erleben! Genau so will ich es wieder!«, klagte Anni vehement.

»Kann man denn irgendeinen Moment genau so noch einmal erleben? Also, mir ist das noch nie gelungen«, meinte Leo.

Anni überlegte kurz. »Natürlich kann man ihn nicht genau so erleben. Aber das Schöne, die Liebe, die Freude miteinander, das kann man doch wieder haben.« Sie wurde unsicher. »Aber eigentlich waren die Momente, an die ich so gern denke, am Anfang unserer gemeinsamen Zeit. Später war es gar nicht mehr so schön.«

»Dann versuchen wir es doch einmal anders.« Leo schmunzelte fast unmerklich. »Gibt es etwas, wofür du dankbar bist, weil du nicht mehr mit diesem Mann zusammen bist?«

Anni lachte kurz auf. »Oh, Mist! Da fallen mir spontan wirklich Dinge ein. Manche seiner Hobbys zum Beispiel fand ich nicht so toll und habe nur ihm zuliebe häufig mitgemacht. Jetzt habe ich wieder mehr Zeit für das, was mir gefällt und wichtig ist.« Sie überlegte und grinste Leo an: »Du bist wirklich ein Meister darin, die Stimmung zu drehen und Licht hineinzubringen in so ziemlich jedes Dunkel.«

»Mir sind eine gute Stimmung und etwas Licht im Dunkeln einfach lieber«, sagte Leo lächelnd. »Und wenn du möchtest: Es kann hier noch viel heller werden.«

Anni zögerte und sagte dann: »Ja, das möchte ich. Gern sogar.«

»Dann schauen wir noch mal tiefer«, kündigte Leo an. »Wofür bist du dieser Liebesgeschichte dankbar, wofür bist du diesem Mann dankbar?«

Annis Ausdruck schien sich wieder etwas zu verhärten und so ergänzte

Leo: »Das Ende dieser Liebesgeschichte hat dir wehgetan. Das dürfen wir würdigen. Und jetzt schauen wir mal, ob es auch Dinge gibt, für die du dankbar bist – dieser Geschichte und diesem Menschen.«

»Ja, natürlich gibt es diese Dinge«, sagte Anni nach kurzem Zögern in fast schon feierlicher Ernsthaftigkeit. »Ich habe in den letzten Wochen immer nur auf den Schmerz geschaut, wenn ich an diese zerbrochene Liebe dachte. Ansonsten habe ich mich abgelenkt und natürlich wurden auch andere Dinge wichtiger. Die meiste Zeit habe ich gar nicht mehr daran gedacht. Aber, und das ist eigentlich verrückt, ich habe nie in den Fokus gerückt, wofür ich dieser Beziehung dankbar bin und warum es auch gut ist, dass sie zu Ende ist. Es fühlt sich viel besser an, darauf zu schauen.«

»Wie wir uns fühlen, das ist vor allem eine Frage der Blickrichtung«, konstatierte Leo und drehte den Kopf wie zum Test mal weit nach links und dann wieder weit nach rechts.

»Also«, begann Anni, »mit der Blickrichtung auf die Dankbarkeit fallen mir viele Momente mit diesem Mann ein, die ich vorher so noch nie erlebt hatte. Momente, in denen ich mich auf eine Weise erlebt habe, die ich von mir nicht kannte. Ich bin dankbar dafür, dass ich diese Facetten an mir entdecken durfte.«

»Sehr schön«, sagte Leo sanft. »Mit jedem Gegenüber sind wir ein wenig anders. Die anderen zeigen uns erst, wie reich wir selbst sind.«

»Ja«, flüsterte Anni, der schon wieder Tränen in die Augen stiegen. Diesmal aber waren es Tränen der Dankbarkeit.

Leo ließ ihr Zeit und wartete ruhig, bis sie weitersprach.

»Weißt du, wofür ich noch dankbar bin?« Anni schaute ihn mit großem, tiefen Erstaunen an und sprach bedächtig weiter: »Ich bin dankbar dafür, dass ich mich selbst noch nie zuvor so sehr liebend erlebt habe. Bei diesem Mann hatte ich zum ersten Mal das Gefühl, dass ich liebe. Natürlich war ich verliebt, klar. Aber ich fand nie alles toll an ihm, mein Kopf hatte so einiges an ihm auszusetzen. Und irgendwie war da auch immer so ein Zweifel, ob wir wirklich zusammenpassen. Aber da war diese Liebe, in der auch das Platz hatte, was ich nicht so mochte.« Anni schloss die Augen und spürte in sich hinein. »Diese Liebe spüre ich immer noch. Ich liebe ihn immer noch auf diese …, ja, auf diese irgendwie freiheitliche Weise und ohne, dass ich mit ihm zusammen sein muss. Er wollte es nicht mehr und wenn ich es mit Blick auf die Dankbarkeit betrachte, dann hatte er damit recht. Es passte gar nicht mehr. Wir hatten eine schöne Zeit und dann wollte jeder von uns etwas anderes leben.«

»Aber die Liebe darf bleiben«, sagte Leo leise und vollendete damit, was Anni in sich bewegte.

»Ja, die Liebe darf bleiben.« Anni atmete lange und tief aus. »Ich weiß natürlich gar nicht, ob bei ihm noch Liebe für mich da ist«, sagte sie dann mehr zu sich selbst.

»Ist das wichtig?«, fragte Leo.

Anni schwieg einen langen Moment. Dann brach ein Lachen aus ihr hervor: »Es ist gar nicht wichtig. Ist das verrückt! Es ist überhaupt nicht wichtig, ob er mich liebt. Er darf tun, was er möchte. Er darf lieben, wen und was und wie er möchte.« Sie strahlte Leo an. »Es fühlt sich so schön an, ihn zu lieben und dabei einfach zu lassen.«

Leo strahlte ebenfalls, weil er sich freute, dass sie diesen so wichtigen Punkt verstanden hatte. »Wichtig ist nur, ob du liebst«, bestätigte er. »Wenn du liebst, dann ist die Liebe bei dir. Die Liebe, die du vielleicht dein ganzes Leben lang gesucht hast, ist in dir. Sie ist da. Du spürst sie. Du liebst. Mehr brauchst du nicht.«

»Und dann darf der andere sein, wie er ist und wie er sein will. Weißt du«, Anni war ganz aufgeregt in ihrem Erkennen, »ich wollte ständig, dass er anders ist. Dass er die Dinge mag, die ich gern mache. Und später dann vor allem, dass er zurückkommt, dass er mich weiterhin liebt. Ich habe mich die ganze Zeit darauf fokussiert, dass er mich lieben soll. Aber dabei war gar kein Platz mehr für meine Liebe zu ihm. Warum hätte er dann zurückkommen sollen?«

Anni sprang vom Boden auf, dehnte und streckte sich, als wollte sie ihren alten Blick auf diese Beziehung aus ihren Körperzellen entlassen und Platz für ihre neue Betrachtungsweise schaffen. Sie lief ein wenig auf und ab und warf sich dann wieder zu Leo auf die weiche Wiese. Sie fasste zusammen: »Wenn ich ihn liebe, dann darf er sein, wie er möchte. Dann ist so viel Platz in meinem Herzen! Dann ist sogar Raum dafür da, dass er mich verlassen darf. Die Liebe bleibt. Wow!«

Leo hörte ihr einfach zu und genoss es, mitzuerleben, welch großartige Schritte sie in ihrem Inneren vollzog.

»Du liebst. Mehr brauchst du nicht.«

»Es war die Dankbarkeit«, rekapitulierte Anni nach einigen Momenten der Stille. »Es waren deine Fragen nach meiner Dankbarkeit, die diesen Prozess in Gang gesetzt haben. Stimmt doch, oder, du Meister der Wandlungen?« Anni lächelte Leo an.

Er lächelte, ein wenig geschmeichelt, zurück und bestätigte: »Es ist sehr heilsam, nach Gründen für Dankbarkeit zu suchen. Du kannst dich in so ziemlich jeder Lebenslage fragen, wofür du dankbar bist. Es wird immer eine Wandlung anstoßen. Eine Wandlung in deinem Inneren, durch die du plötzlich auch das Außen mit ganz neuen Augen betrachtest.«

»Es ist wirklich erstaunlich«, sagte Anni, die jetzt auf dem Rücken im Gras lag, die Hände hinter dem Kopf verschränkt. So schaute sie in den Himmel und spürte die Erde unter sich. »Die ganze Stimmung verändert sich, wenn das erste Fitzelchen Dankbarkeit spürbar wird. Sie wird weicher und es wird heller.«

»So empfinde ich das auch«, meinte Leo. »Unter euch Menschen gibt es mittlerweile Experten, die dir ganz genau erklären könnten, dass sich sogar der Stoffwechsel im Gehirn verändert, wenn du Dankbarkeit fühlst. Dein Verstand ändert die Richtung, sobald er auf die Suche nach Dingen geschickt wird, für die du dankbar bist. Er zieht sofort los und natürlich findet der kluge Kerl Gründe für Dankbarkeit – und das verändert die Gefühlslage.«

»Aber dann wäre es doch sinnvoll, sich regelmäßig um Dankbarkeit zu kümmern, oder?«, fragte Anni.

Leo lächelte breit: »Eine ausgezeichnete Idee! Tatsächlich wird das bereits von sehr vielen Psychologen und Coaches empfohlen. Zum Beispiel hat es eine hervorragende Wirkung, wenn du dir angewöhnst, jeden Abend vor dem Schlafengehen mindestens drei Dinge aufzuzählen, für die du dankbar bist. An guten Tagen ist das leicht und an schlechten Tagen kannst du auf fünf erhöhen.«

»Was?«, lachte Anni. »An schlechten Tagen sogar fünf?«

»Unbedingt«, betonte Leo schmunzelnd. »Sobald du den ersten gefunden hast, folgen fast immer weitere. Und wenn du sogar an schlechten Tagen fünf Gründe für Dankbarkeit findest, dann lernt dein Inneres, dass es eigentlich keine schlechten Tage gibt. Dein ganzes Leben kann sich durch diese Übung verwandeln.«

»Darf es denn auch so etwas Banales wie eine warme Dusche sein?«, wollte Anni wissen.

»Ich denke nicht, dass eine warme Dusche banal ist«, stellte Leo fest. »Du kannst dir offenbar nicht vorstellen, wie viele Menschen auf dieser Erde diese Möglichkeit nicht haben. Und wie jung diese Erfindung überhaupt ist.«

»Das stimmt«, sagte Anni ein bisschen erschrocken. »Für scheinbar Selbstverständliches wieder dankbar zu sein, tut sicher gut.«

»Gewiss. Und weil du gefragt hast, ob du auch etwas – tatsächlich oder vermeintlich – Banales nehmen kannst: Es zählt alles, was in dir Dankbarkeit hervorruft. Wenn du sie fühlen kannst, dann ist es ein Treffer.«

Anni nickte und beide hingen eine Zeit lang ihren Gedanken nach.

»In meinem Leben«, begann sie dann wieder zu sprechen, »finde ich wahrscheinlich immer Gründe für Dankbarkeit. Also drei wirklich immer – oder auch fünf.« Sie setzte sich auf und schaute zu Leo. »Aber dann bricht die große Welt in meine kleine Welt ein und sofort machen sich Sorgen in mir breit, Ängste, Befürchtungen, riesige Probleme. Da bleibt manchmal kaum Platz für irgendetwas anderes. Wir Menschen haben so große Herausforderungen zu bewältigen und manchmal scheint es mir so, als würden wir sie nur immer noch weiter wachsen lassen, ins Extreme und Extremste hinein. Wie soll das denn jemals enden? Wie könnte das denn noch gut ausgehen?« Anni sah ganz zerknirscht aus. »In meiner kleinen Welt kann ich sicher Dankbarkeit und auch Liebe erleben. Aber in der großen?«

»Wofür bist du dankbar, wenn du an die große Welt denkst? An das, was du unter ›großer Welt‹ verstehst? Wofür in der Welt bist du dankbar?« Leo hatte diese Fragen wieder mit viel Ruhe formuliert und wartete ebenso ruhig ab, was Anni darauf antworten würde.

Sie hatte, während Leo sprach, die Augen geschlossen und spürte seinen Fragen nach. Ein Lächeln trat auf ihr Gesicht und wurde immer breiter. Dann öffnete sie die Augen und schaute Leo ebenso happy wie verwundert an. »Es ist wirklich total erstaunlich! Sobald diese Fragen in mir landen, ändert sich alles. Bevor du sie gestellt hattest, war ich in eine graue Wolke aus Schwierigkeiten und Bedrohungen verheddert. Und als ich die Fragen hörte und auch bereit war, Antworten zu finden, tauchten völlig andere Bilder von der Welt auf. Die graue Wolke löste sich auf.« Anni zog die Füße zu sich heran und saß nun in einer Art Meditationshaltung ganz aufrecht. »Also, wofür bin ich der Welt dankbar? Ich bin dankbar, dass es so viele Menschen gibt, die das Gute wollen. Die Freude an Schönem haben, die freundlich sind und für die Liebe und Frieden etwas Wertvolles sind – und die sich auch darum bemühen, im Kleinen und im Großen.«

»Sehr schön«, sagte Leo träumerisch. »Das mag ich an euch Menschen auch. So viele von euch haben ein großes Herz, ein riesengroßes Herz.«

Berührt von seinen Worten sprach Anni weiter: »Ich bin der Welt dankbar dafür, dass sie gar nicht so ist, wie ich oft denke.« Sie lachte. »Die Welt besteht gar nicht hauptsächlich aus Schwierigkeiten und Gefahren, aus Bedrohungen, die wir uns gegenseitig bereiten. Sie besteht viel mehr aus dem Feinen und Sanften, als ich jemals dachte. Sie besteht daraus, dass wir uns mit Eseln unterhalten können, die so viel Weisheit in sich tragen, dass sie unser ganzes Leben verwandeln können.«

> »Ich bin der Welt dankbar dafür,
> dass sie gar nicht so ist,
> wie ich oft denke.«

Wofür bist du dankbar?
Diese **KRAFTVOLLE FRAGE** kannst
du dir immer wieder stellen.
Regelmäßig als eine hilfreiche
Übung zur Kultivierung von
Dankbarkeit, **LIEBE UND FREUDE**
in dir selbst. Und du kannst sie dir
dann stellen, wenn dich die
Schwere in irgendeiner Form zu
erdrücken droht. Wofür bist du
dankbar – dir selbst, den anderen,
einer Situation, der Welt? Suche
und **ERLEBE DIE DANKBARKEIT**
und lass sie alles verwandeln.

Anni wurde plötzlich wieder sehr ernst. »Mir fielen gerade wieder die Bilder aus meinem Traum mit den Eseln ein, die von den Menschen gar nicht gut behandelt wurden. Es gibt in der Welt so viel Leid, bei dem ich mit der Frage nach der Dankbarkeit nicht weiterkomme. Bei dem sie sogar zynisch wirkt. Oder nicht?« Sie sah hilfesuchend zu Leo.

»Es gibt in dieser Welt wirklich alles – von strahlend hell bis tief dunkel. Du kannst dir selbst die Frage nach der Dankbarkeit immer wieder anbieten. Es wird Momente geben, in denen sie nichts bewirkt. Aber es gab schon die erstaunlichsten Wendungen durch sie. Wo es jemand, ob Mensch oder Esel oder Linde, nicht für möglich gehalten hätte, einen Aspekt in einem Dunkel zu finden, für den er dankbar sein könnte. Und doch gab es ihn. Manchmal hat er sich erst nach Jahren offenbart – mit der Frage danach.«

»Das mag sein«, sagte Anni nachdenklich. »Ich habe das Geschenk in meiner letzten Trennung ja auch sehr lange gar nicht sehen können. Möglicherweise gilt das auch für viele andere Situationen.« Sie sortierte sich innerlich, bevor sie fragte: »Weißt du, wenn ich es immer wieder mit der Frage nach der Dankbarkeit versuche und wenn sie mir oft auch den nötigen Frieden und das innere Glück schenkt, nach denen ich mich sehne, werde ich dann nicht passiv dem Leiden in der Welt gegenüber? Sitze ich dann nur noch herum und feile an meinem kleinen Glück, während mich der Schmerz in der Welt einfach nichts mehr angeht?«

»Nein.« Leo schaute Anni erstaunt an. »Nein, das hätte ja wenig Wert. Du bist ja nicht getrennt von der Welt. Wir alle sind die Welt.«

Anni nahm seine Worte fast erleichtert auf, auch wenn sie sie vom Kopf her noch nicht wirklich verstehen konnte.

»Wenn du dich immer wieder in die Dankbarkeit begibst«, erklärte er weiter, »bringst du dich damit auch in die Handlungsfähigkeit – in die Demut, ins Mitgefühl, in eine Stimmung, aus der heraus du überhaupt erst etwas Sinnvolles beitragen kannst. Was, denkst du, macht dich kraftvoller in der Welt? Wenn du verstrickt bist in Leid, Trauer und Schmerz – oder wenn du immer wieder nach den kleinen Perlen Ausschau hältst, die dich dankbar sein lassen und die dir ein offenes, mitfühlendes Herz schenken, das um deine eigene Verletzlichkeit weiß und um die aller anderen Wesen?«

»Wir alle sind die Welt.«

»Natürlich hast du recht«, sagte Anni. »Und genau dieses Herz möchte oft auch handeln.«

»Natürlich! Unbedingt!«, betonte Leo. »Es geht überhaupt nicht darum, passiv zu werden. Gar nicht. Die Frage ist nur, aus welcher inneren Haltung heraus du aktiv wirst. Aus einem eigenen alten, lange verdrängten Schmerz heraus oder weil du mit einem mitfühlenden, kraftvollen Herzen siehst, was gebraucht wird?«

»Manchmal denke ich«, ergänzte Anni vorsichtig, »dass ich mich auch nicht überall einmischen muss.«

»Sehr weise«, schmunzelte Leo.

»Na ja, nicht alles ist meine Angelegenheit und oft habe ich nur Informationen aus dritter, vierter, fünfter Hand, will aber Dinge regeln, die mich gleichzeitig völlig überfordern. Das ergibt keinen Sinn.«

»Mir scheint wichtig, dass man den Dingen innerlich Raum gibt und so genau wie möglich wahrzunehmen versucht, was Sache ist. Und dass man nicht aufgibt, auch wenn es momentweise düster aussehen mag. Niemand kennt alle Facetten und Details – erst recht nicht die der großen Welt, wie du es nennst. Immer kann sich etwas in eine vollkommen neue Richtung wandeln. Dankbarkeit hilft uns dabei, genau die Facetten und Details zu entdecken, die einen solchen Wandel möglich machen.« Leo hob den Kopf, als würde er etwas wittern. »Mir fällt da ein Verwandter von mir ein, der vor vielen, vielen hundert Jahren gelebt hat und den bis heute fast jedes Kind kennt, zumindest hier in diesen Breiten.«

»Noch so eine Berühmtheit?«, schmunzelte Anni.

»Oh ja«, grinste Leo. »Meine Familie kann sich sehen lassen.«

»Das will ich meinen«, bekräftigte Anni. »Wer ist es denn?«

»Von ihm stammt der Satz: ›Komm mit. Etwas Besseres als den Tod findest du überall.‹«

Sie stutzte. »Den Satz kenn ich doch! Irgendwoher kenne ich den ...«

Anni überlegte intensiv und sagte dann: »Bitte hilf mir auf die Sprünge. Ich komme nicht drauf.«

»Dieser Satz stammt vom Esel von den Bremer Stadtmusikanten.«

»Genau!«, rief Anni voller Freude. »Das Märchen habe ich als Kind so oft gehört. Ich habe die Stimmen der Sprecher von der CD noch genau im Ohr. Und ich erinnere mich: Der Esel war alt geworden, konnte nicht mehr so viel arbeiten und sollte als unnützer Esser erschlagen werden. Also lief er davon, genauso wie der Hund, die Katze und der Hahn. Diesen Satz sagte der Esel zur Katze, die von ihren Menschen ebenfalls kein Gnadenbrot erhalten sollte.«

»Ja«, fiel Leo begeistert mit ein, »und es war der Esel, der das Jammern bleiben ließ und initiativ wurde. Der Tod war ihnen – wie uns allen – gewiss. Bevor seine Zeit aber wirklich gekommen ist, lässt sich überall etwas Besseres finden, wenn man aktiv wird. Das wusste er und davon ließ er sich auch in der Not nicht abbringen. Er überzeugte die drei anderen Tiere und tatsächlich fanden sie etwas Besseres, weil sie positiv und dankbar nach vorn schauten.«

»Ich erinnere mich«, sagte Anni lächelnd, »sie glaubten sogar, dass sie es schaffen könnten, als Stadtmusikanten in der großen Stadt Bremen ein neues Auskommen zu finden. Eigentlich nicht sehr wahrscheinlich, würde ich mal behaupten. Aber dieser Glaube machte sie zuversichtlich und sie fanden ihr Glück – nicht in Bremen, sondern in einem Häuschen im Wald, das Räubern gehört hatte, die in der Nacht vor den Tieren und ihrem Geschrei geflüchtet waren.«

»Ja, so geht das Märchen. Sie fanden ihr Glück«, schloss Leo versonnen.

»Ich bin dir so dankbar, Leo«, sagte Anni mit einem Mal und kraulte ihm die Stirn. »Heute habe ich von dir auf eine ganz besondere Weise gelernt, dass ich mein Glück immer wieder finden kann. Sogar in dem, was ich für ein Unglück hielt. Die Dinge sind sehr oft nicht so, wie sie scheinen. Zum Glück. Für heute habe ich auf jeden Fall sehr viel zu verarbeiten.«

»Aber bitte immer mit der Blickrichtung auf die Dankbarkeit«, sagte Leo augenzwinkernd.

»Von dieser Blickrichtung werde ich nur noch in Notfällen abweichen«, erwiderte Anni ebenfalls grinsend. »Unsinn«, korrigierte sie sich dann selbst. »Gerade in Notfällen werde ich den Fokus auf die Dankbarkeit beibehalten.«

Wortlos verabschiedeten sie sich an diesem Tag auf dem freundlich von der Sonne beschienenen Hügel mit der kleinen Linde und Anni folgte dem Weg zurück nach Hause.

SICH IM NICHT-WISSEN ENTSPANNEN

Leo schwieg.

Als Anni ein nächstes Mal den Hügel hinaufkam, winkte sie fröhlich und rief ein Hallo zu ihm hinüber.

Leo schwieg.

Anni lief zu ihm hin und grüßte erneut: »Einen wunderschönen guten Morgen!«

Leo schwieg. Er blickte über die Felder unterhalb des Hügels zur Sonne, die noch nicht sehr weit oben am Himmel stand. Still schaute er über die Landschaft.

»Was ist los? Warum grüßt du mich nicht, Leo?« Anni war etwas irritiert und wollte den Esel schon anstupsen. Doch dann spürte sie, welch intensive Ruhe von ihm ausging, und wollte ihn nicht stören. Im gleichen Moment registrierte sie, was in ihr selbst passierte. In Bruchteilen von Sekunden jagten einander widersprechende Gedanken und Empfindungen durch sie hindurch. Zweifel flackerten auf – war es also doch nur Einbildung gewesen, dass sie mit diesem Tier gesprochen hatte? Dass sie ihn so oft hatte hören können und so liebevolle Hinweise von ihm erhalten hatte? Dieser Gedanke wurde von einem flauen Gefühl im Magen begleitet. Von einem Schreck: Alles doch nur Spinnerei! Fast parallel dazu tauchte diese kleine Frage in ihr auf, die Leo einige Male gestellt hatte:»Ist das wahr?« Augenblicklich wusste Anni, dass all ihre Begegnungen real gewesen waren. Es tauchte eine vertrauensvolle Gewissheit in ihr auf, dass dieser Moment und Leos Schweigen irgendeinen Sinn haben mussten. Und fast zeitgleich ging die Ruhe, die Leo ausstrahlte, auf sie über.

So begann sich Anni im Bemerken von alldem zu entspannen. Ganz bewusst ließ sie die unterschiedlichen Gedanken und überhaupt die Frage, warum er nicht grüßte und was hier los war, weiterziehen. Sie schenkte ihnen keine Beachtung mehr. Sie wusste einfach nicht, warum sich Leo so verhielt, und wenn sie nichts hineininterpretierte und -projizierte, wenn sie keine misstrauischen Sorgen oder Vorwürfe aus ihrem eigenen Inneren hervorkramte, dann konnte sie diesen Moment einfach so lassen, wie er war. Sie wurde ebenso still wie Leo, stand in zunehmender Ruhe neben ihm und blickte wie er über die Weite der Landschaft unterhalb des Hügels. Einfach nur still, schauend, atmend.

Ein paar Minuten vergingen und Anni bemerkte, wie angenehm es war, nicht wissen zu müssen und nicht einmal wissen zu wollen, was sie eben gerade nicht wissen konnte. Es war herrlich entspannend!

Einfach nur still, schauend, atmend.

»Test bestanden«, ertönte Leos Stimme in genau dem Moment, in dem sie das bemerkt hatte.

»Du hast mich getestet?!« Sofort war Annis Kopf wieder voller Gedanken und sie empfand so etwas wie Entrüstung.

»Einen wunderschönen guten Morgen«, säuselte hingegen Leo und ergänzte grinsend:»Wer etwas lernen will, der braucht gelegentlich auch Prüfungen.«

»Na, davon stellt mir das Leben eigentlich genug«, antwortete Anni, die jetzt schon wusste, dass sie ihm nicht böse sein konnte.

»Ich handle selbstverständlich in seinem Auftrag«, meinte Leo verschmitzt. Er stupste Anni mit der Nase an die Wange.»Ich hoffe, du nimmst es mir nicht übel. Ein Test wurde es auch nur deshalb, weil ich es gerade so genoss, einfach über die Landschaft zu schauen und die Stille zu erleben. Und dann war ich neugierig, was du tun würdest. Würdest du dich von der Ruhe anstecken lassen oder nicht?«

»Es war eine schöne Erfahrung, dass ich es konnte«, sagte Anni und lächelte.»Danke dafür. Anfangs war allerdings schon ein ziemlicher Wirbel in mir.«

»Du hast es bemerkt und darauf kommt es an«, stellte Leo fest.

»Ja«, betonte Anni freudig,»es hat sich sehr gut angefühlt, wahrzunehmen, was in mir los war, und nichts davon zu ernst zu nehmen. Weißt du, woran es mich erinnert hat?«

Leo schaute sie erwartungsvoll an.

»An die Vertikale, über die wir vor einer ganzen Weile mal gesprochen hatten. An diese Aufrichtung zwischen Erde und Himmel, erinnerst du dich?« Da Leo nickte, sprach Anni weiter:»Dieses Herauskommen aus den Gedanken- und Gefühlswirrungen und das Hineingleiten in die Ruhe, das war wie der Wechsel von der Horizontalen in die Vertikale. Vom Ameisenherumgerenne in die …«, Anni überlegte,»… in die Eselsstille.«

Sie schmunzelte und Leo mit ihr.

»Weißt du eigentlich, was die Eselsstille ausmacht – im Vergleich zum Ameisenherumgerenne oder zum … sagen wir mal: Menschenlärm?« Leo wartete grinsend auf eine Antwort von Anni.

Die überlegte.»Na ja«, begann sie dann langsam,»mir ist mittlerweile schon klar, dass der Menschenlärm zwar ganz schön heftig durch die Welt schallt, seinen Ursprung aber natürlich in unseren Köpfen hat. Und eure Köpfe sind zwar riesig, aber einfach nicht so vollgestopft wie unsere.«

»Guter Punkt«, lobte Leo.»Und womit ist euer Kopf so voll?«

»Mit Überlegungen, Sorgen, Vorstellungen, Ideen, Konzepten, Theorien, Thesen und Antithesen, Narrativen und so weiter.«

»Kurz gesagt«, fasste Leo zusammen,»mit Gedanken.«

»Ja, genau«, erkannte Anni,»was da in uns tobt, sind alles Gedanken.«

»Gedanken, aus denen sich Geschichten zusammensetzen. Gedanken, an die sich Gefühle hängen. Gedanken, die sich zu Identitäten und Weltbildern zusammenmauern«, führte Leo aus.

»Oje«, Anni fasste sich mit beiden Händen an den Kopf.»Kein Wunder, dass wir so leicht Kopfschmerzen bekommen. Diese ganzen Gedankenwelten zu managen, puh, dagegen erscheint mir der Umgang mit den Gefühlen ja fast leicht.«

»Eigentlich kannst du damit genauso umgehen«, schlug Leo vor.

»Wie denn?« Anni überlegte einen Moment.»Du meinst, als Gasthaus?«

Leo nickte.

»Dann wären die Gedanken, genauso wie die Gefühle, einfach Gäste, die zu mir kommen«, tastete sich Anni langsam an diese Vorstellung heran. »Und sie wären ebenfalls mal angenehm und mal unangenehm, aber sie alle gehen ja auch wieder. Stimmt!«, strahlte sie, »ich denke ja nicht immer das Gleiche. Auch wenn sich vieles in tausend Varianten wiederholt: Gedanken kommen und gehen.«

»Was löst es denn in dir aus, deine Gedankenwelt so zu betrachten?«, versuchte Leo Annis Erkenntnisprozess zu unterstützen.

»Ich finde es ziemlich entspannend«, sagte sie spontan. »Aber irgendwie«, ihre Stirn bildete eine senkrechte Furche, »ist es auch irritierend. Schließlich machen meine Gedanken ja meine Welt aus. Meine Meinungen, meine Weltanschauung. Alles, was ich mit anderen bespreche. Und mit mir selbst … Wenn das alles nur Gäste in mir sind, in mir als Gasthaus, was bleibt denn dann, wenn sie wieder gegangen sind? Wer bin ich denn dann?« Anni sah jetzt ernsthaft besorgt aus. »Wer bin ich?«

In Leos Gesicht zeichnete sich ein liebevolles Lächeln ab. »Wer bin ich? Die Frage aller Fragen. Die Königin der Fragen auf dem spirituellen Weg.«

»Und die Antwort?« Anni schaute ihn hoffnungsvoll an.

»Du hast ein Leben lang Zeit, sie zu finden«, erwiderte Leo sanft.

Beide wurden still und standen schweigend beieinander.

›Wer bin ich?‹ Die Königin der Fragen auf dem spirituellen Weg.«

»Als du mich vorhin nicht gegrüßt hast«, eröffnete Anni schließlich eine neue Phase ihres Gesprächs, »da war erst sehr viel Trubel in mir – vor allem viele Gedanken. Und dann bin ich ruhiger geworden. Die Gedanken sind tatsächlich weitergezogen.«

»Und was denkst du, warum?« Leo schaute sie aufmerksam an.

»Vielleicht war es mir tatsächlich gelungen«, antwortete Anni nachdenklich, »das Gasthaus für sie zu sein. Wie bei den Gefühlen.«

»Das trifft es sicherlich«, bestärkte sie Leo. »Und noch etwas dürfte passiert sein: Du hast deinen Gedanken nicht geglaubt.«

»Das stimmt!«, rief Anni begeistert. »Mir ist an einer Stelle nämlich diese Frage eingefallen, die du manchmal benutzt: ›Ist das wahr?‹«

»Auch so eine Königin«, betonte Leo.

»Auf jeden Fall hat sie etwas verändert.«

»Und wie! Mit ihr bekommst du Abstand zu deinen Gedanken. Du prüfst, ob sie dir die Wahrheit erzählen, statt sie wie automatisch deinen Kopf dominieren zu lassen.«

»Na, wenn ich diese Frage öfter nutze, dann bleibt vielleicht gar nicht viel übrig von meinen Gedanken.« Anni schaute besorgt.

»Genau das ist es!« Leo lachte vergnügt. »Wenn du deine Gedanken überprüfst und auf ihren Wahrheitsgehalt hin testest, dann bleibt nicht viel davon übrig. Dann wird dein Kopf bald so leicht sein wie der von uns Eseln.«

»Oje!« Anni stimmte in sein Lachen ein. »Er wird dann aber hoffentlich nicht auch so groß wie euer Kopf!«

»Das kannst du vorher nicht wissen.« Leo grinste und sprach wieder ruhiger weiter: »Überhaupt kannst du nicht viel wissen. Dein Kopf erzählt dir eine ganze Menge, den ganzen Tag über und manchmal auch in der Nacht, stimmt's?«

»Ja, das tut er«, seufzte Anni. »Es sind aber auch schöne Dinge dabei.«

»Klar, eine ganze Welt kann dein Kopf in Gedanken packen. Viele Welten sogar. Aber was davon ist wahr? Und was hilft dir weiter?«

GLAUBE nicht alles, was du **DENKST**. In deinem Kopf ist so viel Material! Die meisten Gedanken sind alte **WIEDERHOLUNGEN** und nicht einmal wahr. Kommst du im Jetzt an, dann spürst du den Raum, in dem die Gedanken auftauchen und wieder vergehen. Das **LEBEN** ist für deinen Kopf viel zu komplex. Du darfst dich immer neu im **NICHT-WISSEN** entspannen. Im Jetzt, das dir Kraft und **WEISHEIT** zufließen lässt. Wie erleichternd!

»Als ich vorhin gefragt hatte, ob es wahr ist, was ich denke, konnte ich mich daraufhin entspannen. Das war ein schönes Gefühl, nicht wissen zu müssen, was los ist.« Anni konnte wieder an die Zufriedenheit dieses Moments anknüpfen. »Als hätte ich zutiefst eingesehen, dass ich es eben nicht wissen kann. Damit konnte ich loslassen.«

»Du konntest dich im Nicht-Wissen entspannen, sehr gut«, betonte Leo.

»Es hat sich gut angefühlt, absolut. Aber …«, in Anni bäumte sich etwas auf, »darf man das denn? Ich meine, ganz oft muss man doch Bescheid wissen.«

»Wann denn zum Beispiel?«

»Na, im täglichen Leben! Überall! Bei der Arbeit muss ich wissen, was ich tue. Ich muss wissen, was ich wo und wann wie erledigen sollte, und all diese Dinge.«

»Gibt es dabei Stress? Hast du Stress mit diesem Wissen?«

Anni schüttelte den Kopf. »Nein, ich weiß diese Dinge, und wenn nicht, informiere ich mich.«

»Dann ist doch alles in Ordnung. Und du kannst dich im Wissen entspannen.« Leo schnaubte genüsslich. »Aber wie steht es um die Dinge, bei denen du etwas nicht weißt, aber meinst, es wissen zu müssen?«

»Die sind fies«, sagte Anni schnell. »Wenn ich wissen möchte, wie das Meeting morgen verlaufen wird. Wenn ich wissen möchte, ob irgendetwas gut gehen wird …«

»Genau diese Dinge«, bestätigte Leo, »um die geht es.«

»Oder wenn ich wissen möchte, ob sich ein bestimmter Mensch für mich interessiert«, ergänzte sie leise.

»Genau das! Nehmen wir ruhig das Beispiel, ob sich dieser bestimmte Mensch für dich interessiert«, schlug Leo vor. »Du weißt es nicht.«

»Und wenn ich es wissen will, während ich es nicht weiß, ist das sehr anstrengend und auch schmerzhaft.« Anni ahnte, worauf Leo hinauswollte. »Und jetzt soll ich mich in diesem Nicht-Wissen entspannen?«

»Es wäre doch einen Versuch wert, oder?« Leo klang überaus einladend. Also schloss Anni die Augen und probierte es. Es dauerte nicht lang und ein Lächeln trat auf ihre Lippen. »Das ist gar nicht schlecht«, sagte sie, die Augen weiterhin geschlossen. »Es ist sogar richtig schön. Die ganzen Fragen und Gedanken, die hundertfach um das Thema gekreist sind, verblassen. Ich weiß nicht, ob er sich für mich interessiert, und genau das ist es, was ich jetzt erlebe. Dafür bin ich jetzt das Gasthaus.« Sie öffnete die Augen und verkündete freudig: »Es fühlt sich sogar kribbelig an, da plötzlich alles möglich ist.«

»Das Leben hat wieder Potenzial, oder?« Leo freute sich mit ihr.

»Ja, wirklich! Ich erlaube dem Leben wieder, mich zu überraschen. Vielleicht ist es ja viel netter zu mir, als meine Befürchtungen mir einreden wollen.« Sie hob die Arme, als wollte sie sich dem Leben entgegenstrecken. »Irgendwann werde ich wissen, was ich jetzt nicht weiß. Und vielleicht wird es gar nicht mehr wichtig sein. Was für eine schöne Erfahrung, das Nicht-Wissen da sein zu lassen und nicht dagegen anzukämpfen! Ich danke dir sehr dafür.«

Leo deutete wieder seine kleine Verbeugung an und Anni lachte.

»Ohne dich wäre ich wirklich aufgeschmissen«, meinte sie dann.

Leo schaute sie mit dieser Ernsthaftigkeit an, die er immer hatte, wenn ihm etwas wichtig war, und fragte: »Ist das wahr?«

Anni ließ sich darauf ein, wirklich eine Antwort zu finden. Ihre Antwort. Nach einer Weile sagte sie: »Es war nicht nur so dahingesagt. Du hast mir schon so viel geholfen. Ich habe hier bei dir so viel gelernt, dass ich manchmal den Eindruck habe, ich bin ein ganz anderer Mensch geworden. Einer, der ich total gern bin. Und der sich natürlich auch weiter verwandeln wird. Auch deshalb freue ich mich, dass ich hierherkommen kann.«Sie überlegte. »Aufgeschmissen ohne dich wäre ich irgendwie schon ... und andererseits auch nicht.«

»Warum nicht?« Das war keine rhetorische oder eitle Frage und Leo grinste auch nicht dabei. Er wollte Anni helfen, Klarheit zu finden.

»Warum wäre ich ohne dich nicht aufgeschmissen?«, wiederholte sie.

»Oder warte«, warf Leo schnell ein, weil er eine Idee hatte. »Wir machen es ein bisschen anders, wenn du einverstanden bist. Wir hatten ja schon festgestellt, dass es nicht hundertprozentig wahr ist, dass du ohne mich aufgeschmissen wärst, richtig?«

Anni nickte. »Ja, das hatten wir. Habe ich zugegeben«, schmunzelte sie und amüsierte sich über seinen Eifer, diesen Satz von ihr so genau zu untersuchen.

»Lass uns mit diesem Satz wirklich arbeiten«, sagte er, als hätte er ihre Gedanken auch in seinem Kopf vernommen. »Es gibt da eine Methode, die so gut ist, dass sie sich auch unter uns Eseln, zumindest denen in meiner Familie, in Windeseile herumgesprochen hat und wir sie gern nutzen. Jeder für sich allein und wir auch miteinander, wenn wir uns treffen. Damit kannst du deine Gedanken überprüfen und ziemlich schnell zu deiner Wahrheit und damit in die Freiheit kommen. Denn deine Wahrheit ist es, was dich befreit – und was dann bleibt, ist Liebe.«

»Das klingt wundervoll. Und so, als wäre es ganz einfach«, staunte Anni. »Können wir Menschen diese Methode auch nutzen?«

Leo lachte. »Ja, natürlich! Von euch kommt sie ja. Eine ganz außergewöhnliche Frau hat sie in die Welt gebracht und mittlerweile schon Millionen von euch weltweit damit angesteckt. Sie hat sie ›The Work‹ genannt, denn es ist wirklich Arbeit. Du hast recht: Es ist ganz einfach.

Aber es ist Arbeit. Arbeit, die man täglich verrichten kann und sollte. Arbeit, die sich richtig lohnt.«

»Okay«, sagte Anni entschlossen. »Also gut, let`s do The Work.«

»Fein«, begann Leo. »The Work ist wirklich ein Wunderding, wie eine Cousine von mir gern sagt. Ihre Großmutter war es, die sie in unsere Familie gebracht hat. Sie stand viele Sommer lang im Gelände eines Seminarhotels, in dem die Menschen mit dieser Methode arbeiteten. Und ihr fiel auf, wie sich die Stimmung dort bei all den unterschiedlichen Leuten jedes Mal von Tag zu Tag verändert hat und wie die Menschen immer stiller, immer freudvoller und auch liebevoller wurden. Also hat sie ganz genau zugehört, was sie dort eigentlich machten.«

»Sehr klug von ihr«, sagte Anni, erneut berührt von diesem meist unbemerkten Miteinander ihrer beiden Spezies.

»Also«, lud sie Leo zur Praxis ein, »fangen wir an. Ich stelle dir nur ein paar Fragen und es lohnt sich, wenn du dich wirklich darauf einlässt. Eigentlich ist diese Praxis nämlich eine Meditation. ›Ohne mich bist du aufgeschmissen.‹ Stell dir ruhig vor, ich wäre nicht mehr da oder für eine Weile verreist.« Anni lächelte, weil in ihrem Kopf ein Bild von Leo mit einem Köfferchen in der Hand auftauchte. »In deinem Kopf ist dieser Satz ›Ohne mich bist du aufgeschmissen.‹ Und ich frage dich: Ist das wahr?«

»Wenn du es so konkret machst«, lenkte Anni, plötzlich etwas aufgewühlt, ein, »dann sage ich Ja. Ja, das stimmt, es ist wahr.«

»Dann frage ich dich«, machte Leo in voller Akzeptanz ihrer Antwort weiter: »›Ohne mich bist du aufgeschmissen‹ – kannst du mit absoluter Sicherheit wissen, dass das wahr ist?«

Anni schloss die Augen, um die Frage tiefer wirken zu lassen. Ein Lächeln trat auf ihr Gesicht und sie schüttelte den Kopf, die Augen immer noch geschlossen.»Nein, mit absoluter Sicherheit kann ich es nicht wissen. Es ist, als würde mein Geist weiter werden mit dieser Frage. So vieles andere könnte wahr sein. Ich kann nicht wissen, was wäre, wenn du nicht mehr da wärst.« Sie öffnete die Augen und schaute Leo erstaunt an.

Der ließ ihr noch einen Moment Zeit und fragte dann mit dieser angenehmen Ruhe in der Stimme:»Wie reagierst du, was passiert, wenn du den Gedanken glaubst – ›Ohne mich bist du aufgeschmissen‹?«

Annis Gesicht zog sich zusammen, ihre Augen wurden schmal, die Lippen wirkten aufeinander gepresst.»Es fällt mir schwer zu atmen«, sagte sie und schloss die Augen, um dem Gedanken weiter nachzuspüren.»In meinem Kopf tauchen urplötzlich Bilder auf, Vorstellungen, dass ich wieder in meine alte Unzufriedenheit kippe ohne dich. Dass alles grau wird und traurig … Ja, ich bin sogar jetzt schon traurig, wenn ich das nur denke. Da ist so viel Traurigkeit. Ich fühle mich verlassen und einsam.« Sie ging dem weiter in sich nach.»Ich fühle mich ein bisschen wie ein verlorenes Kind … Und genau genommen kann ich dich, wenn ich so denke, nicht leiden. Denn ich bin dann abhängig von dir.« Sie blickte Leo an, wieder mit Erstaunen.

Sie schwiegen einen Moment, dann fragte er:»Wer wärst du ohne diesen Gedanken? ›Ohne mich bist du aufgeschmissen‹ – wer wärst du ohne diesen Gedanken?«

Anni hatte, noch während Leo sprach, die Augen wieder geschlossen. Ein paar Sekunden vergingen. Dann sagte sie:»Das ist ja seltsam! Allein diese Frage schiebt in meinem Inneren alle Wolken weg. Alle Mauern, die ich aufgestellt hatte. Der innere Raum wird viel größer.« Sie spürte dem weiter nach.»Ich fühle mich ganz bei mir, atme entspannt und bin irgendwie aufmerksam und freudig gespannt, was passieren wird. Denn ich weiß es nicht.« Anni lachte hell und öffnete die Augen. »Ohne diesen Gedanken ist da plötzlich Freiheit. Ich habe keine Ahnung, wie es wäre, wenn du plötzlich nicht da wärst. Und vielleicht, weil wir das vorhin geübt haben, kann ich mich in diesem Nicht-Wissen entspannen. Das Leben ist da, es ist spürbar, es wirkt freundlich und es wird mich irgendwie weiterführen.«

»Denn deine Wahrheit ist es, was dich befreit – und was dann bleibt, ist Liebe.«

Leo schaute Anni liebevoll an. »Es freut mich«, sagte er anerkennend, »wie tief du dich gleich auf die Fragen einlassen konntest. Überhaupt, wie tief und vertrauensvoll du dich immer wieder auf alles, was wir besprechen, einlässt.«

»Du machst es mir einfach leicht«, erwiderte Anni, berührt von seinen Worten. »Dieser ganze Ort macht es mir leicht.« Mit ausgebreiteten Armen drehte sie sich in einer Geste, als wollte sie diesen Ort, diesen sonnenverwöhnten Hügel, komplett umarmen.

Doch abrupt hielt sie in der Bewegung inne. »Dort steht ein Pferdeanhänger«, sagte sie tonlos und schaute Leo erschrocken an. »Gehst du tatsächlich weg? Oder ist …«, sie schien Hoffnung zu schöpfen, »noch jemand gekommen? Ein Verwandter von dir?«

Leo blickte sie zärtlich an und sagte: »Bald ist Winter, dann kann ich nicht weiter hier auf diesem Hügel stehen.«

»Du hast doch einen Stall«, sagte Anni vorsichtig und deutete in Richtung des kleinen Bauernhofes.

»Das stimmt«, meinte Leo, »aber den ganzen Winter lang dort zu sein, das wäre ziemlich langweilig.«

»Und jetzt?« Anni hatte Schwierigkeiten, den nun plötzlich real drohenden Abschied zu verarbeiten.

»Meine Menschenfamilie hat beschlossen, dass wir alle zusammen den Winter über im Süden sein werden.«

»Ihr alle zusammen? Du und die Menschen? Ihr fahrt alle in den Süden?« Anni kam aus dem Staunen nicht heraus.

»Ja, der Hund und die beiden Katzen kommen auch mit. Fast wie bei den Bremer Stadtmusikanten«, sagte Leo und musste lachen. »Das haben wir vor ein paar Jahren schon mal gemacht. Wir sind gemütlich bis nach Griechenland gefahren und dort, stell dir vor«, Leo klang zunehmend begeistert, »dort waren ganz viele Verwandte von mir. Einige leben immer dort und ein paar waren, wie ich, aus der weiten Welt dorthin gekommen. Ein richtiges Familientreffen! Das war so schön, dass wir es für diesen Winter wieder abgesprochen haben.« Er schaute Anni besonders freundlich an, als wollte er sie um Verständnis bitten.

»Ich freue mich darauf, sie wiederzusehen. Und neue Geschichten und Weisheiten aus aller Welt aufzuschnappen.«

»Das klingt schön.« In Anni wechselten sich Gefühle des Erstaunens, der Traurigkeit und der Freude für Leo ab. Sie schloss die Augen und wandte sich bewusst dem inneren Wirrwarr zu, wie sie es gelernt hatte. Bald spürte sie die Stille, die um all die Gefühle herum den weiten Raum des Bewusstseins bildete. Und sie konnte auch einen Hauch davon erhaschen, sich im Nicht-Wissen zu entspannen. Schließlich hatte sie keine Ahnung, wie es weitergehen und wie es ihr mit alldem ergehen würde. Die Traurigkeit, die beim Gedanken an Leos Weggehen in ihr aufkam, zerrte vehement an ihr. Es knüpften sich Gedanken daran, dass sie dann wieder einsam wäre, dass sie ja sowieso immer verlassen würde, dass alles keinen Sinn hätte … Doch sie musste diesen Gedanken ja nicht glauben. Und dass sie ohne Leo nicht aufgeschmissen war, dass es zumindest diese Möglichkeit gab, davon hatte sie ja vor wenigen Minuten emotional schon gekostet.

»Wir haben unsere Arbeit noch gar nicht abgeschlossen«, stellte Leo mit neuem Schwung fest und es klang, als würde er gleich voller Tatendrang in die Hände klatschen.

»Es hatte sich aber schon sehr schön und rund angefühlt«, meinte Anni. »Bis der Schock einsetzte. Aber ich denke, es hat ihn sogar etwas abgemildert.«

»Das freut mich«, sagte Leo erleichtert. »Es gibt nun in The Work noch die Umkehrungen, mit denen wir prüfen, ob das Gegenteil von deinem ursprünglichen Satz nicht genauso wahr oder vielleicht sogar wahrer sein könnte. ›Ohne mich bist du aufgeschmissen‹, welche Umkehrung kannst du dafür finden?«

Anni überlegte. »Das Gegenteil von meinem Satz? Die umgekehrte Aussage? ›Ohne dich bin ich nicht aufgeschmissen.‹ Oder?«

»Genau, das wäre eine Umkehrung. Einfach das Gegenteil deines Satzes. Und nun schau mal, ob du mindestens drei Gründe findest, warum das wahr sein könnte. ›Ohne mich bist du nicht aufgeschmissen.‹«

»Mal überlegen«, sagte Anni. »›Ohne dich bin ich nicht aufgeschmissen.‹ Das fühlt sich erwachsener an. Ich bin mit diesem Gedanken stärker und stabiler … Es ist wahrer, schließlich bin ich kein kleines schwaches Kind.«

»Sehr gut«, meinte Leo anerkennend. »Kannst du noch einen Grund finden, warum das wahr sein könnte: ›Ohne mich bist du nicht aufgeschmissen‹?«

»Ich war in den letzten Monaten immer nur für ein paar wenige Stunden bei dir, alle paar Wochen. In der Zeit dazwischen bin ich auch klargekommen. Der neue Satz, diese Umkehrung ist in dieser Hinsicht auch wahr. Und es ging mir über die Monate hinweg immer besser, offenbar habe ich einiges von dir gelernt und auch so weit begriffen, dass ich es für mich nutzen kann.« Anni wirkte stabil und in freudiger Zuversicht, während sie sprach. »Ja, ich kann ohne dich weiter diesen Weg gehen. Es ist ja mein Weg.«

»Sehr schön, das waren schon drei Gründe. Und wahrscheinlich findest du sogar noch mehr.«

Anni nickte eifrig. »Da ist wirklich noch was: ›Ohne dich bin ich nicht aufgeschmissen‹ fühlt sich einfach gut an. Viel besser als der andere Satz. Er führt mich in so eine schöne kraftvolle Stille. Auch das ist für mich ein Grund, ihn als wahr anzusehen.« Anni spürte dem ein wenig nach und fragte dann: »Eigentlich ist es doch immer wieder das Gleiche, oder?«

Bevor sie zu einer weiteren Erklärung ausholen konnte, antwortete Leo schon: »Ja, ist es. Es ist immer das Gleiche.«

»Irgendwie geht es immer darum, innerlich wach zu werden und in diese wohltuende Ruhe zu kommen, oder?«

»Könnte man so sagen«, nickte Leo. »Und eigentlich haben wir bei all unseren bisherigen Begegnungen nichts anderes getan als das. Ob wir der Intuition gelauscht oder uns zwischen Himmel und Erde aufgerichtet haben, ob wir die Lehrgebäudeanwesenheitspflicht beachtet, Gefühle als Gäste willkommen geheißen oder innere Anteile und speziell das innere Kind erspürt haben, ob wir Dankbarkeit kultiviert oder das Nicht-Wissen zugelassen haben – immer wurden wir weich und präsent. Und immer blieb am Ende diese wohltuende Ruhe, wie du es genannt hast. Es gibt sehr viele Wege zu dieser Ruhe, aber sie ist das Ziel.«

»Ruhe klingt fast ein bisschen langweilig dafür, meinst du nicht?«, überlegte Anni. »Es scheint mir viel mehr zu sein.«

»Oh ja, es ist viel mehr! Schön, dass du das bemerkst.« In Leos Stimme wurde etwas Schwärmerisches hörbar. »Es ist sehr viel mehr. Spüre noch mal ganz bewusst hinein.«

Er schloss die Augen und Anni tat es ihm nach. Sie atmete tief und ruhig ein und aus und es schien ihr, als würden sich gleich mehrere der bereits ausprobierten Wege zu dieser Ruhe gleichzeitig anbieten und als wäre sie auch schon auf allen zugleich unterwegs. Sie war der Raum für ihr Fühlen, spürte Dankbarkeit, war ganz in ihrem Körper anwesend, hörte die Intuition flüstern und all das war geborgen in einem unendlichen Raum des Nicht-Wissens und doch Ahnens. Sie konnte sich ganz hineinfallen lassen in diesen Raum, in diese Gegenwärtigkeit.

»Im Nicht-Wissen weiß ich aber doch ganz schön viel«, sagte Anni vorsichtig, um weder Leo noch sich selbst aus der Tiefe zu reißen.

»Alles weißt du hier.« Leo sprach ebenso leise wie eindringlich. »Alles Wesentliche.«

»Ich kann gar nicht beschreiben, was da geschieht. Ich bin einfach nur da und gleichzeitig viel mehr, als ich üblicherweise bin. Als wäre da eine enorm große Kraft hinzugekommen.« Anni hielt die Augen weiterhin geschlossen, während sie ihr Erleben auszudrücken versuchte. »Als würde sich, sobald ich innerlich wach und gegenwärtig bin, ein riesiges Tor öffnen, durch das Energie zu mir strömt, Liebe, Weisheit, einfach Leben.«

Leo lächelte versonnen. Auch er hielt die Augen geschlossen, als er sagte: »Dafür, dass sich das alles mit Worten gar nicht beschreiben lässt, hast du es sehr schön beschrieben. Dass wir auf diese unterschiedlichen Weisen lernen, in die Ruhe zu tauchen, ist ja kein Selbstzweck. Natürlich fühlt es sich schön an. Aber es ist so viel mehr. Diese Ruhe ist eigentlich eine heilige Stille, würde ich sagen.« Er reckte den Kopf in die Höhe, als könnte er dadurch dem Zauber der Gegenwärtigkeit noch näherkommen. »Aus dieser Stille strömt eine Kraft zu uns, die nicht von dieser Welt ist.«

»Sie zu erleben, das ist …« Anni suchte nach Worten. »Das ist ja der Himmel auf Erden!«

»Genau das ist es«, antwortete Leo und freute sich, dass Anni verstanden hatte. »Wie die Weisesten sagen: Wenn du still wirst, präsent, gegenwärtig, dann bringst du das reine Bewusstsein in die Welt. Du bringst den Himmel auf die Erde.«

Anni blickte Leo staunend an. »So lässt sich das verstehen! Der Himmel ist das Geistige und die Erde die physische Welt.«

»Einer der größten Meister unserer Zeit sagt, dass der Himmel das Nicht-Manifeste ist und die Erde das Manifeste, die materielle Welt. Bist du ganz in der Gegenwärtigkeit, vollkommen präsent im Jetzt, dann fließt durch dich das Nicht-Manifeste in diese Welt und verwandelt sie.«

»Dann bringe ich den Himmel auf die Erde«, ergänzte Anni fast ehrfürchtig. »Es muss wundervoll sein, immer so zu leben.«

»Das ist es«, sagte Leo. »Eine meiner jüngeren Schwestern lebt in der Nähe dieses Meisters im Westen von Kanada. Manchmal kommt er auf seinen Spaziergängen an ihrer Weide vorbei und dann spürt sie die unglaublich friedvolle und zugleich kraftvolle Gegenwärtigkeit dieses Menschen. So zumindest hat sie es mir bei einem unserer Familientreffen erzählt.«

>**»Wenn du still wirst, präsent, gegenwärtig, dann bringst du das reine Bewusstsein in die Welt. Du bringst den Himmel auf die Erde.«**

»Ich werde ja bald nicht mehr an deiner Weide vorbeispazieren können«, sagte Anni unvermittelt und holte damit sich selbst ebenso wie Leo fast ruckartig in die Horizontale zurück. »Wann reist ihr denn ab?«

»In ungefähr drei Wochen«, antwortete Leo, weiterhin ganz präsent und in der Gegenwart verankert. »Der Hänger steht schon da, weil mich die Menschenfamilie daran gewöhnen möchte. Sie bitten mich jeden Tag einmal hinein – zur Probe, damit es dann bei der Abfahrt klappt.« Er lächelte weich. »Das ist lieb von ihnen.«

»Drei Wochen sind ja noch eine lange Zeit. Dann komme ich vorher noch einmal hier vorbei«, versprach Anni. Sie gab sich einen Ruck und ergänzte schmunzelnd: »Jetzt aber steige ich erst einmal wieder hinab aus diesem Himmel auf die Erde dort unten.«

»Nimm dir aber auf jeden Fall ein Stückchen Himmel mit«, sagte Leo lächelnd.

»Unbedingt«, erwiderte Anni. »Ein großes Stück.«

DAS GROSSE MITEINANDER FEIERN

Eine unbeschreiblich sanfte Stimmung empfing Anni an diesem Morgen auf dem kleinen Hügel. Den ganzen Weg über war sie in orangerotem und immer heller werdendem Sonnenschein spaziert und auch hier oben strahlte – natürlich – wie immer das schönste Licht. Die Linde hatte ihre Blätter herbstlich leuchtend verfärbt. Zwei Vögel saßen in ihren kahler werdenden Ästen und schienen sich zu unterhalten. Alles war in eine Aura größter Zartheit und Freundlichkeit getaucht, die Anni tief berührte.

Ihr Blick ging in die Weite und streifte über die Felder, die nach und nach abgeerntet worden waren, bis zum Horizont. Die Bäume in der Nähe reflektierten gelb und orange das Licht, jeder für sich umgeben von einem Zauber, der nicht von dieser Welt zu sein schien und doch ganz und gar zu ihr gehörte. Sie atmete tief durch und ließ diesen Augenblick in möglichst allen ihren Zellen spürbar sein.

›Es ist die Erde selbst‹, ging es ihr durch den Kopf, ›die das Leben hier so unvergleichlich schön macht. Es ist die Erde selbst, die das Sein hier einzigartig macht und die so viele Seelen einlädt, eine Zeit lang auf diesem erstaunlichen Planeten zu sein und ihre Erfahrungen zu machen.‹ Diese Erkenntnis traf Anni tief. ›Es ist die Erde selbst, für die es sich lohnt, diese Inkarnation voll und ganz auszukosten und seinen Weg zu gehen, mit aller Liebe, die das Herz aufzubringen und immer neu zu entwickeln vermag. Es ist die Erde selbst.‹

»Einen wunderschönen guten Morgen«, hörte sie plötzlich Leos Stimme hinter sich. Anni drehte sich um und war voller Freude, den Esel zu sehen. »Ich habe wohl etwas verschlafen«, sagte er und rieb sich die Nase am rechten Vorderbein.

»Einen wunderschönen guten Morgen«, sagte auch Anni und lächelte.

»Ja, lass uns Wunder einladen. Wobei das größte Wunder ja schon da ist: die Morgenstimmung auf diesem Planeten. Ist sie nicht wundervoll?«

Leo nickte. »Ja, das ist sie. Die Erde macht uns dieses Geschenk einfach so. Jeden Tag.«

**»Es ist die Erde selbst,
für die es sich lohnt, diese Inkarnation
voll und ganz auszukosten
und seinen Weg zu gehen, mit aller Liebe,
die das Herz aufzubringen und immer
neu zu entwickeln vermag.
Es ist die Erde selbst.«**

»Ja«, bestätigte Anni, noch immer ganz berührt. »Mir wurde gerade etwas klar. Weißt du, wir Menschen sind ständig dabei, irgendetwas zu tun und zu machen und zu verändern und irgendwo einzugreifen. Mit einem Kopf voller Ideen, die sagen, dass es genau so richtig und wichtig sei. Dabei glaube ich, dass die wenigsten von uns überhaupt schon einmal wahrgenommen haben, was bereits da ist. Dass sie in voller Tiefe erlebt haben, was ist. So eine Morgenstimmung zum Beispiel als kostbares Geschenk der Erde. Das braucht nichts von uns. Gar nichts. Die Erde bringt es hervor. Einfach so. Und es ist an Schönheit und Kraft nicht zu überbieten.« Anni schwieg einen Moment und ergänzte dann: »Das ist mein heutiges Wunder – und dass ich endlich gemerkt habe, wie reich beschenkt ich bin.«

Leo hatte Anni sehr zufrieden zugehört. »Du klingst gut«, sagte er.

»Ja, es geht mir gut.« Anni lächelte. »Ich bin ruhiger und freundlicher mit mir selbst, würde ich sagen, dankbar und aufmerksam für all das Schöne und Neue, das mir jeden Tag begegnet. Und immer öfter bin ich wirklich gegenwärtig.«

»Eine wesentliche Basis«, lobte Leo.

»Und ich habe meinen inneren Leo wachgeküsst«, verkündete Anni mit einer Mischung aus Stolz und schelmischer Freude.

»Was hast du?« Leo sah auf einmal hellwach aus.

»Na ja, wenn es in meinem Alltag Situationen gab, wo ich nicht recht weiterwusste, dann habe ich mir meine Fragen anfangs oft zu merken versucht, bis ich wieder hierherkommen konnte, um sie dir zu stellen.« Anni lächelte bei dieser Erinnerung. »Ich hatte so viele Fragen! Aber ofthatte ich sie dann schon wieder vergessen oder unser Gespräch hat sich in eine völlig andere Richtung entwickelt, sodass ich sie am Ende gar nicht gestellt habe.«

»Viele Fragen«, sagte Leo tröstlich, »beantworten sich auch, wenn man sie vergisst oder gar nicht stellt. Das Leben kümmert sich schon.«

»Das stimmt natürlich«, bestätigte Anni gelassen. »Mir haben sich in den letzten Monaten hier bei dir so viele Fragen beantwortet. Sogar solche, die ich mir noch nie gestellt hatte.« Sie wirkte sehr bei sich. »Jedenfalls habe ich jetzt in meinem Alltag manchmal einfach die Augen geschlossen, an dich gedacht und mir vorgestellt, dass ich dir meine Frage stelle. Zumal du ja bald in den Süden ziehst.«

»Okay«, meinte Leo, »das ist sicher eine gute Idee. Und was passierte?«

Anni verkündete froh: »Ich habe jedes Mal eine Antwort bekommen. Wirklich jedes Mal. Sie war immer erstaunlich und immer hilfreich.«

»Sehr gut«, erwiderte Leo und nickte anerkennend.

»Es ist, als hätte ich einen inneren Leo. Einen inneren Anteil, der so viel weiß wie du. Oder zumindest annähernd so viel«, ergänzte sie lachend.

»Ich habe den Eindruck«, sagte Leo beinahe feierlich, »dass wir beide hier gute Arbeit geleistet haben.«

»Das finde ich auch.« Anni sah stolz aus. »Aber auf diese Weise kann doch jeder Mensch seinen eigenen inneren Leo finden, oder?«

Der Esel schaute verdutzt. »Na, ich weiß nicht.« Er rümpfte ein wenig die Nase. »Mich gibt es natürlich nur ein einziges Mal. Ich bin ein echtes Original. Mich kann nicht einfach jeder in sich finden …«

Anni wusste nicht recht, worauf er hinauswollte, und blickte ihn entsprechend verunsichert an.

Doch plötzlich ließ Leo sein ohrenbetäubendes Lachen erschallen: »Iiiiieeh-Aah, Iiiiieeh-Aah, Iiiiieeh-Aah, Iiiiieeh-Aah … Natürlich«, versuchte er zu formulieren, während er nach Atem rang, »natürlich kann jeder Mensch einen Leo in sich finden. Iiiiieeh-Aah, Iiiiieeh-Aah, einen Esel, der ihm allerlei Flöhe ins Ohr setzt. Iiiiieeh-Aah.«

»Und der ihm«, ergänzte Anni, angesteckt von Leos Freude, »den Kopf gehörig verdreht und ihm das ganze Leben durcheinanderwirbelt.«

»Ihr Menschen könnt so viel mehr, als ihr glaubt.« Leo sprach wieder mit seiner tiefen und ruhigen Ernsthaftigkeit. »Ihr habt so viel mehr Möglichkeiten, als ihr derzeit nutzt. Und sie liegen genau dort, wo die Mehrheit von euch gar nicht hinschaut: in dem, was du anfangs als das Feinere bezeichnet hast. In dem, was ihr gewissermaßen zwischen den Zeilen des Lebens erfahren könnt. In dem, was euch aus dem Jetzt zuströmt, der Kraft der Gegenwart, wenn ihr präsent seid, gegenwärtig.« Er schaute Anni direkt an. »Ich freue mich sehr, dass du Zugang dazu gefunden hast. Kaum etwas könnte wertvoller sein.«

Anni spürte, dass ihr Herz so offen war wie selten zuvor. »Ich bin dem Leben und dir unendlich dankbar«, sagte sie. »Es ist, als würde ich erst jetzt so allmählich zu erahnen beginnen, was Leben eigentlich bedeutet. Oder bedeuten könnte.«

»Die guten Dinge brauchen Zeit«, sagte Leo sanft. »Doch einmal erweckt, entfalten sie sich unaufhaltsam.«

»Das scheint mir wirklich zu stimmen«, überlegte sie. »Es kommen neuerdings so oft Gedanken und Empfindungen in mein Bewusstsein, die ich noch nie hatte und die mir sehr hilfreich erscheinen. Zum Beispiel eben, dass ich von dir auch dann einen Rat erhalten kann, wenn du gar nicht körperlich in meiner Nähe bist.«

»Gut, oder?«, freute sich Leo.

»Fehlen wirst du mir trotzdem«, sagte Anni und kraulte dem Esel die weiche Stirn. »Dieser Ort, diese Ausflüge werden mir fehlen.«

»Du kannst auch mich besuchen kommen«, hörte sie da plötzlich eine helle Stimme, die wie eine Flöte klang.

»Warst du das?« Anni wandte sich überrascht zur kleinen runden Linde.

Suche, finde, lebe das GROSSE MITEINANDER. Intuition und Inspiration sind die Sprachen, über die du mit ALLEN WESEN um dich her kommunizieren kannst, mit Bäumen, Tieren, Wolken, Sternen, Seen. So erfährst du das alles UMFASSENDE WIR des Lebens. Lass auch die Menschen mit hinein und pflege mit ihnen das wahre, tiefe, ECHTE MITEINANDER, aus dem sich das Netz des Lebens webt, in jedem Moment neu.

»Ja«, ertönte diese Stimme wieder, »ich bin's, die Linde. Auch wir können uns dann und wann unterhalten, wenn du magst.«

Leo lächelte. »Sie ist zwar kein Esel, aber auch von ihr kann man eine Menge lernen und eine gute Zeit mit ihr verbringen.«

»Danke sehr, das freut mich!«, sagte Anni in Richtung des kleinen Baumes. »Ich komme gern auch im Winter hier vorbei und bin sehr gespannt, dich ein wenig kennenzulernen.«

»Du kannst deinen intuitiven Austausch auf viele Wesen ausweiten«, erklärte Leo. »Wie gesagt: Wer mit Eseln über sein Leben redet, der kann auch Löwen streicheln. Oder von ihnen etwas über Selbstvertrauen lernen. Oder mit einer Linde plaudern und von ihr einen völlig andersartigen Einblick in das Leben auf dieser Erde erhalten.«

»Das ist wundervoll. Ich freue mich darauf, auch von der Linde zu lernen. Dann kann ich wieder an diesen Ort kommen, auch wenn du, Leo, nicht hier bist. Aber ich wünsche mir sehr, dass wir uns wiedersehen.« Anni fühlte angesichts des nahenden Abschieds Traurigkeit. Sie gab ihr Raum in ihrem Gasthaus und es wirkte ganz natürlich, dass sie am gleichen Tisch saß wie die Liebe und die Dankbarkeit.

Leo stand dicht vor ihr und wie schon einige Male zuvor fühlte sich Anni plötzlich zu seinem ihr zugewandten Auge hingezogen. Es sog sie ein in seine unbeschreibliche, lichtvolle Dunkelheit, in diesen Raum von unendlicher Weite. Mitten in der formlosen und von unfassbarem Potenzial pulsierenden Leere sah sie Planeten, Sterne und Galaxien an sich vorbeiziehen – und schließlich einen kleinen, blau und grün schimmernden Planeten auftauchen, dem sie immer näher kam und der dabei immer mehr an Größe und Schönheit gewann. Schließlich tauchte sie in seine Sphären ein und stand bald in ihrem Körper auf einem weichen Wiesenboden. Sie breitete Wurzeln aus wie ein Baum, die ihr erlaubten, für eine

Zeit lang ganz und gar dort zu sein. Auf der Erde, die Weite des Himmels über sich und um sich herum. Getragen und zugleich erhoben fühlte sie sich und während sie ganz und gar ankam in dieser Existenz, bemerkte sie viele andere Wesen um sich her. In den unterschiedlichsten Gestalten, mit Fell oder Federn, mit Schuppen oder Haut, mit Blättern oder im Nadelkleid, feinstofflicher oder gröber. Sie alle hatten sich hier eingefunden, um ihre Erfahrung des großen Wunders Leben zu vertiefen. Schneller und schneller zeigten sich ihr Bilder dieser Wesen. Immer mehr vertraute Gesichter waren darunter, die Anni wie im Zeitraffer noch einmal durch die vergangenen Jahrzehnte begleiteten. So viel Freude und so einiges an Leid flackerte ganz kurz in ihr auf. So viele aufblitzende Erinnerungen bedeuteten ihr, wie reich sie bereits hatte ernten können. Und immer wieder wurde ihr bewusst, wie viel Potenzial das alles barg. Das Gesicht ihrer Freundin Caro blitzte freundlich in neuer Nähe auf. Ebenso das dieses Mannes, der so viel Raum in ihrem Sein eingenommen hatte – und doch nur ein kurzes Aufflammen von sehnsuchtsvollen Regungen in ihr beantwortet hatte, die gelebt werden wollten. Viele weitere Gesichter und Gestalten, Gesten und Worte machten Anni den unendlichen Reichtum ihres Lebendigseins bewusst. Während ihr Herz immer weiter wurde, konnte sie nicht nur die in vielfältigen Farben schimmernden Bänder erkennen, die sie und all die anderen Wesen um sie her verbanden. Nein, sie selbst war all das Leben. So war sie eingewoben in das unermessliche Netz des Seins und zugleich existent in all seinen Details. Sie erkannte sich in jedem und allem und ihr Herz zersprang fast im Erleben einer so übergroßen Liebe. Sie war sie selbst und alles andere – und gleichzeitig der Raum, in dem sie all das erfuhr.

»Ich bin … der Himmel auf Erden«, hörte sie sich sagen. Sie blickte, wie plötzlich erwachend, Leo an. »Und du auch. Wir alle. Oder?«

EIN KLEINES NACHWORT

Leo war ein Geschenk. Er war ein Neujahrsgeschenk des Lebens an mich – und ich wollte es erst gar nicht haben. Ein Esel?! Ach, bitte! Hätte es nicht … (nun, was wäre mir denn lieber gewesen?) … etwas offensichtlich Himmlisches sein können? Etwas zweifelsfrei Charmantes? Oder ordentlich Spirituelles?

Nein, es war Esel Leo. Und tatsächlich durfte ich ihn als überaus charmant und ziemlich ordentlich spirituell kennenlernen. Es stellte sich sogar heraus, dass wohl kein anderes Wesen passender hätte sein können. Leos Worte überraschten mich oft und auch sein Humor machte das Schreiben dieses Buches für mich zu etwas ganz Außergewöhnlichem. Sein Auftauchen in meinem Leben schien zu bewirken, dass ich alles an Fertigkeiten und Erfahrungen, das sich in mir über die Jahrzehnte angesammelt und verfeinert hatte, zu bündeln begann, um von ihm erzählen zu können – von ihm und Annis Begegnung mit ihm.

Zugleich war das Schreiben so leicht, als bräuchte ich nur alles andere aus dem Weg zu räumen und einen Raum dafür zu schaffen, damit es geschehen konnte. Stimmungen, Bilder, Ideen flossen dann aus der Stille zu mir und verwandelten sich in Worte auf dem Bildschirm. In den schönsten Momenten dieses Prozesses war es, als dürfte ich einfach nur staunend miterleben, wie sich Geistiges in Materielles gießt. So brachte Leo auch mir ein Stückchen Himmel auf die Erde.

Anni, die menschliche Heldin dieser Erzählung, könnte jede und jeder von uns sein. Was sie in den hier niedergeschriebenen Kapiteln erlebt, kommt mir wie ein Schnelldurchlauf durch typische Stationen einer spirituellen Reise vor. Wenn ich meinen bisherigen Weg betrachte oder die Wege, die ich bei anderen Menschen mitverfolge oder ein wenig mitbegleiten durfte, dann gab es diese Stationen immer in irgendeiner Weise. Manchmal dauerten sie Jahre, manchmal waren sie recht schnell durchlaufen. Anni passiert sie besonders geschwind, aber das passt auch in unsere Zeit: Aktuell beschleunigen sich nicht nur gesellschaftliche, politische, wirtschaftliche, soziale, ja, globale Veränderungen, sondern wir haben offenbar die Möglichkeit, unsere eigene Entwicklung, die Entfaltung unseres Bewusstseins individuell und kollektiv immer schneller voranzubringen. Es könnte die Chance sein, unserem Menschsein einen neuen Weg zu ebnen, einen Weg der Verbundenheit, der Achtsamkeit, der Heilung und der Liebe. Wir müssen uns nur dafür öffnen und den Raum dafür schaffen.

Vor diesem Hintergrund freue ich mich, dass Anni unter der Obhut von Esel Leo so rasch wichtige Schritte vollziehen durfte, die wir beim Lesen mitverfolgen können – als Erinnerung, als Vertiefung, als Vorausblick. So hoffe ich, du hattest viel Freude mit der Lektüre und sie klingt noch eine schöne Weile in dir nach.

Alles Liebe für deinen Weg!
In tiefer Dankbarkeit
Franziska

LESEEMPFEHLUNGEN

Wenn du gerade keinen Leo in deinem Leben hast und dir dein innerer Leo nicht so leicht zugänglich ist, hier sind ein paar sehr gute Alternativen:

Byron Katie: Lieben was ist. Wie vier Fragen Ihr Leben verändern können, Arkana 2002

Heske, Ralf: Vier Fragen, die alles verändern. Das große Praxisbuch für The Work nach Byron Katie, Gräfe und Unzer 2020

Kornfield, Jack: Das innere Licht entdecken. Meditationen für schwierige Zeiten, Arkana 2011, 3 CDs

Muri, Franziska: 21 Gründe, das Alleinsein zu lieben, Integral 2017

Muri, Franziska: Alles, was mich glücklich macht. Das ganz persönliche Buch der Lebensfreude, Integral 2016

Rohr, Richard: Reifes Leben. Eine spirituelle Reise, Herder 2012

Rumi: Die Musik, die wir sind, Arbor 2009

Tolle, Eckhart: Eine neue Erde. Bewusstseinssprung statt Selbstzerstörung, Arkana 2005

ÜBER DIE AUTORIN

Franziska Muri ist seit über zwanzig Jahren als Lektorin in der Buchbranche und seit mehr als zehn Jahren als Autorin tätig. Außerdem ist sie Coach für The Work of Byron Katie und bringt auch dort ihr großes Interesse und ihre langjährige Erfahrung im Bereich Spiritualität und Heilung ein. Die SPIEGEL-Bestsellerautorin wurde vor allem bekannt durch ihre Bücher »Vom Zauber der Rauhnächte« (gemeinsam mit Vera Griebert-Schröder) und »21 Gründe, das Alleinsein zu lieben«. Sie lebt in einer ländlichen Ecke von Baden-Württemberg und die besten Ideen kommen ihr, wenn sie mit ihrem Hund durch die Wälder streift. Auf den Social-Media-Plattformen ist sie weniger zu Hause, aber Informationen zu ihrem Wirken finden sich auf ihrer Website: www.franziskamuri.de.

NEUE WELTEN ENTDECKEN

LIEBE LESERINNEN UND LESER,

wir wollen Ihnen mit diesem Buch Informationen und Anregungen geben, um Ihnen das Leben zu erleichtern oder Sie zu inspirieren, Neues auszuprobieren. Wir achten bei der Erstellung unserer Bücher auf Aktualität und stellen höchste Ansprüche an Inhalt und Gestaltung. Alle Anleitungen, Übungen oder Rezepte werden von unseren Autoren, jeweils Experten auf ihren Gebieten, gewissenhaft erstellt und von unseren Redakteur*innen mit größter Sorgfalt ausgewählt und geprüft.

Haben wir Ihre Erwartungen erfüllt? Sind Sie mit diesem Buch und seinen Inhalten zufrieden? Wir freuen uns auf Ihre Rückmeldung. Und wir freuen uns, wenn Sie diesen Titel weiterempfehlen, in Ihrem Freundeskreis oder bei Ihrem Online-Kauf.

Sollten wir Ihre Erwartungen so gar nicht erfüllt haben, tauschen wir Ihnen Ihr Buch jederzeit gegen ein gleichwertiges zum gleichen oder ähnlichen Thema um.

KONTAKT ZUM LESERSERVICE

GRÄFE UND UNZER VERLAG
Grillparzerstraße 12
81675 München
www.gu.de

IMPRESSUM

© 2024 GRÄFE UND UNZER VERLAG GmbH, Postfach 860366, 81630 München

unum

unum ist eine eingetragene Marke der GRÄFE UND UNZER VERLAG GmbH, www.gu.de

ISBN 978-3-8338-9557-9
1. Auflage 2024

Projektleitung und Lektorat: Anja Schmidt
Bildredaktion: Petra Ender
Umschlaggestaltung: ki 36 Editorial Design, München
Herstellung: Markus Plötz
Satz: Uhl + Massopust, Aalen
Reproduktion: LUDWIG:media, Zell am See
Druck und Bindung: DZS , Slowenien

Umwelthinweis

Nachhaltigkeit ist uns sehr wichtig. Der Rohstoff Papier ist in der Buchproduktion hierfür von entscheidender Bedeutung. Daher ist dieses Buch auf PEFC-zertifiziertem Papier gedruckt. PEFC garantiert, dass ökologische, soziale und ökonomische Aspekte in der Verarbeitungskette unabhängig überwacht werden und lückenlos nachvollziehbar sind.

Bildnachweis

Cover: ki36, iStockphoto
Illustrationen Innenteil (Esel): GU Bildredaktion
Icon "Stern": Shutterstock Bildagentur Image Professionals GmbH, Tumblingerstr. 32, 80337 München
www.imageprofessionals.com

Die unum-Homepage finden Sie unter:
www.unum-verlag.de

Ein Unternehmen der
GANSKE VERLAGSGRUPPE